「老後不安」を乗り越える

シニアエコノミー

大前研一
Ohmae Kenichi

小学館新書

はじめに――シニア世代こそ問われる「君たちはどう生きるか」

甘すぎた予測

私は2023年2月に上梓した単行本『第4の波』で「『世界3位の経済大国』も風前の灯火」と書いた。

〈1968年にGDP（国内総生産）で当時の西ドイツを抜いて以来、40年以上にわたって「世界2位の経済大国」だった日本は、2010年に中国に追い抜かれて3位となった。続く4位はドイツで、日本とは2兆ドル以上の差があったが、今では数千億ドルに縮まっている。「世界3位」の称号も、遠からず外れてしまうだろう。それどころか、2050年には中国やアメリカの8分の1、世界9位に後退するという予測もある。〉

今では、この予測も甘かったかと反省している。IMF（国際通貨基金）の統計によると、2022年の名目GDP国別ランキングは、1位がアメリカ（約25・5兆ドル）、2位が中国（約18・1兆ドル）、3位が日本（約4・2兆ドル）、4位がドイツ（約4・1兆ドル）、5位がインド（約3・4兆ドル）だ。すでにアメリカの6分の1、中国の4分の1以下である。ドイツとの差はわずか1000億ドル台で、インドとの差も8000億ドル台だ。日本は間もなくドイツに抜かれ、すぐにインドの後塵も拝することになるだろう。この1、2年のうちに世界第5位という位置だ。

バブル崩壊後の「失われた30年」以降も停滞から抜け出せずに衰退する一方の日本だが、裏を返せば、いま日本で起きていることは世界の〝先行指標〟でもある。

〝課題先進国〟日本が示すべき未来像

まず「超高齢社会」だ。本書で具体的に見ていくように、高齢化率は世界一である。寿命が延び、高齢でも健康な老人が増えることは喜ばしいことだ。しかし、その一方で現役世代の負担は確実に増え続け、それが経済の足枷《あしかせ》になる。だが、欧米諸国や中国、韓国などでも高齢化社会は深刻な社会問題になりつつある。その意味で、いわば日本は〝課題先進国〟なのだ。

あるいは、私が20年前から警鐘を鳴らしてきた「低欲望社会」。これは今も続いていて、消費低迷の主因になっている。日本人（とりわけ物心がついた時から不景気が続いている1980年代生まれ以降の人たち）は、将来が不安で大きな借金を抱えたくないから、いくら金利が下がってもそれに反応しない国民、すなわち金利を下げれば消費や投資が拡大するというケインズ経済学に逆らう国民になったのである。

この問題を指摘した拙著『低欲望社会』の翻訳書が中国で売れている。これまで中国は高欲望社会だったが、最近は若者の間で厳しい競争社会を忌避し、住宅などの高額消費や結婚・出産を諦める「寝そべり（躺平《タンピン》）主義」「寝そべり族」というライフスタイルが広がっているからだ。今や低欲望社会は多くの国で共通課題になっているのだ。

この課題も、日本の高齢化と密接に結びついている。

日本の個人金融資産は２０００兆円以上に達し、その6割超を60歳以上が保有しているが、それを雀の涙ほども利息がつかない金融機関に預けているだけで使わない。しかも、金融庁が「老後30年間で約２０００万円が不足する」という誤った試算を公表したため、高齢者の財布の紐はいっそう固くなっている。だから、いっこうに消費が上向かないのである。

ならば、日本は超高齢社会や低欲望社会という課題を解決する方策を模索し、世界のベンチマーク（指標）となるべきだろう。日本が未来像について独自の答えを示すべきという考えも、すでに『低欲望社会』で論じている。

〈この低欲望社会の出現は、人類がかつて経験したことのない現象であり、日本で世界に先駆けて進行していることなのである。だからこそ、それに対して新たな政策が必要なはずなのだ。しかし、安倍政権がやっているのは、十年一日のごとき昔ながらの自民党的バラ撒《ま》き政策だ。〉

〈本書の前半で私は、アベノミクスは日本では有効に機能しないと述べた。日本の「低欲望社会」では、20世紀を支配したケインズ的な経済理論が機能しないからだ。［中略］結局、学者や政治家の使える道具は、過去１００年の間に欧米で開発されたものばかりなのである。新しい道具は、低欲望社会においても、日本人の心理に訴求するようなものでないといけない。〉

目指すべき方向は見えている。あとはその方向に踏み出すだけなのだ。

シニア世代よ、君たちはどう生きるか

児童文学者・吉野源三郎の『君たちはどう生きるか』が2017年に漫画化されてブームになった。さらに2023年7月には、スタジオジブリの宮崎駿監督による同タイトルの新作アニメ映画も公開された。ブームの端緒となった小説は子供たちに生き方や人生の意味を考えさせる作品だが、この書名の問いは、むしろ今のシニア世代にこそ問われるべきかもしれない。

本書は、日本の超高齢社会の現状を分析しつつ、サービスを提供する企業側に求められるシニアビジネスを提案している。その一方で、80代になった私自身の知見をもとに、シニア層から見た晩年の生き方についても提言している。

かねて私が主張しているように、シニア世代が自分の人生を楽しめば楽しむほど、2000兆円を超えている個人金融資産が市場に出て世の中のお金が回り出し、おのずと経済が活性化されて家計も国の経済も一気に良くなることは間違いない。

日本は、世界一の超高齢社会であると同時に、単身（1人暮らし）世帯が全体の4割に達しようとしている「ソロ社会」だ。2020年の国勢調査によれば、日本の総世帯に占める単身世帯の割合は38％で、1980年の19・8％からほぼ倍増した。かつて「標準世帯」と呼ばれた夫婦と子の世帯は、もはや25％でしかない。国立社会保障・人口問題研究所（社人研）の将来推計でも、単身世帯は2040年に4割となり、その一方で夫婦と子の世帯は2割になると見込まれている。

そういう〝課題先進国〟ニッポンは、それらの課題に対する問題解決策を世界に先駆けて提示すべきであり、そのための政策と生き方の手引きにしたいと考えて執筆したのが本書である。

私はこれまで「アタッカーズ・ビジネススクール（ABS）」や「ビジネス・ブレークスルー（BBT）大学院・大学」を通じて、1000を超える起業を支えてきた。今も「構想力講座」などを主宰して新たな事業を生み出すべくアイデアを掘り起こしているが、その私から見て、いま最も有望な事業領域が、この日本のシニアを対象としたビジネスだ。

なお、本書に掲載しているデータ分析や調査を担ってくれたＢＢＴ大学総合研究所、とくに木村博之氏には心から敬意を表し、感謝したい。

読者の皆さんは、ぜひ、この『シニアエコノミー』を今後の人生の参考にしていただきたい。

２０２３年10月　大前研一

シニアエコノミー　目次

基調セミナー

シニアエコノミー——大前流シニアビジネスの発想法——

日本人に特徴的な2つの経済感覚／高齢化率は世界で断トツ1位／人口動態からわかる日本の危機／超高齢社会の問題をチャンスに変える／「シニア」と「お年寄り」のイメージの違い／意外と誤解している「シニアの実態」／シニアの世代別イメージ／シニア向け市場を分野ごとに見る／成長産業＋高利益率の医療・介護分野／なぜ今ヘルスケアが注目なのか／増大する医療費の現状／医療費カットの方向性／まもなく医療費50兆円超え／コロナ禍で露呈した非デジタル国家・日本／オンライン診療が遅々として進まない理由／女性誌トップ『ハルメク』人気の秘密／拡大する就業支援サービス／日本のシニアは「異性の友人」がいない／まるで孫と同居しているようなサービス／「買い物支援サービス」が持つ可能性／自立した「アクティブシニア向け」も充実／「5人に1人が認知症」時代に起きる大問題／介護保険外のサービスも拡大中／人生の最後を支えるエンディングビジネス／「シニア料金」

第2章 「ソロ社会」日本の未来予想図［マスからパーソナルへの転換］

序章――「衰え続ける日本」のためにできること

ついに「80万人割れ」

２０２２年の日本の出生数は77万７４７人と、１８９９（明治32）年の統計開始以来、初めて80万人を下回った。国立社会保障・人口問題研究所（社人研）が２０１７年に公表した推計より、実に11年も速いペースで少子化が進んでいる。

また、合計特殊出生率（１人の女性が一生の間に産む見込みの子供の数）も「１・26」と過去最低を記録。新型コロナウイルス禍の影響があるとはいえ、7年連続で減少している。人口を維持するのに必要な出生率２・０６はもとより、政府が目標とする「希望出生率」（若い世代の結婚や出産の希望が叶った時の出生率の水準）１・８も大きく下回っている。よほど思い切った対策を講じない限り、少子化に歯止めはかからないだろう。

政府は2023年1月から、子育てを支援するため、妊娠して母子健康手帳を取得した女性すべてを対象に、出産や育児に関連する物品の購入やサービス利用に使える「出産・子育て応援交付金」を新設し、子供1人あたり10万円分のクーポン配布をスタートさせた。だが、若い未婚男女の実態を見ると、その程度のみみっちい支援策では焼け石に水だろう。日本はますます少子化が進み、衰退していくことが確実な状況である。

未婚男女の3人に1人は「交際を希望せず」

たとえば、内閣府の2022年版「男女共同参画白書」によると、20代で配偶者も恋人もいない人が男性65・8％、女性51・4％、一度もデートをしたことがない人が男性40％、女性25％に達している（第2章で詳述）。

あるいは、社人研が2022年9月に公表した「第16回出生動向基本調査（結婚と出産に関する全国調査）」によれば、18〜34歳の未婚者の場合、恋人または婚約者がいる人の割合は男性21・1％、女性27・8％、同棲経験がある人は男性6・4％、女性8・2％でしかない。また、性交経験がある人の割合は男性53・0％、女性47・5％。つまり、男女

図表1 結婚についての考え方「結婚の意思なし」が増加中

●未婚者の生涯の結婚意思

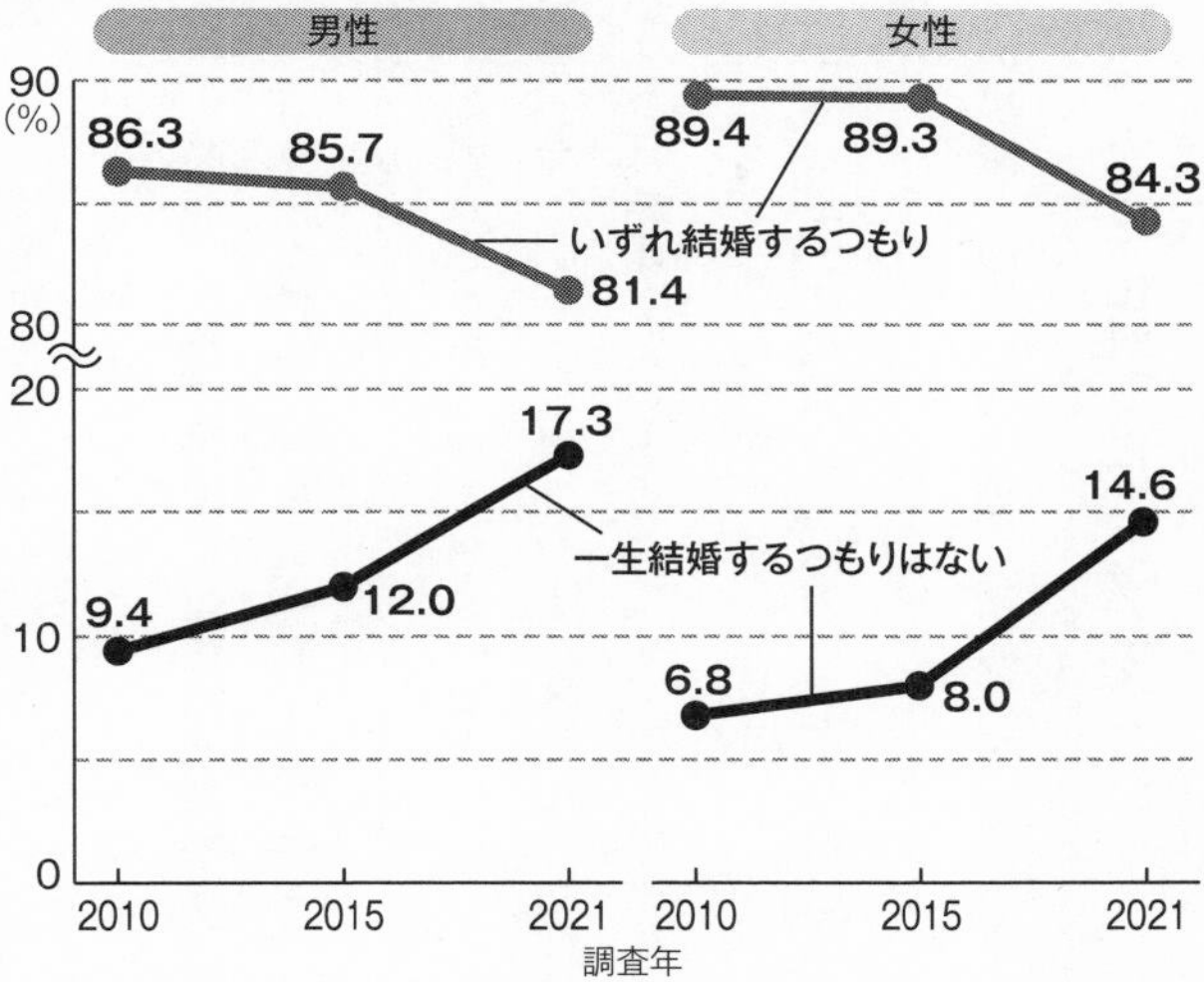

未婚男女の3人に1人は「交際を希望せず」

●交際相手をもたない未婚者の割合と交際の希望

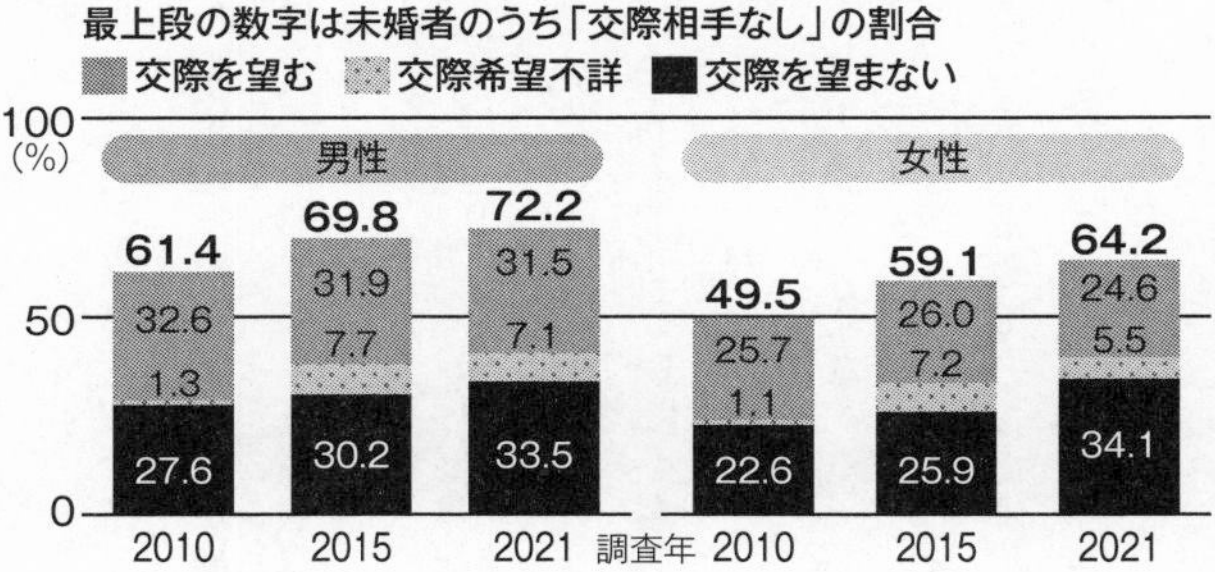

調査対象は18～34歳の未婚の男女

（出所）国立社会保障･人口問題研究所「第16回出生動向基本調査」

とも2人に1人は童貞・処女なのだ。

しかも、18～34歳の未婚男女の3人に1人は「とくに異性との交際を望んでいない」と回答（図表1参照）。独身生活の具体的な利点については「行動や生き方が自由」が最多で男性70・6％、女性78・7％に達し、「家族を養う責任がなく、気楽」や「住宅や環境の選択の幅が広い」を挙げる人が増加している。

さらに、結婚意思がある18～34歳の未婚男女の平均希望子供数は1982年以降、低下傾向が続き、今回調査では男性が1・82人、女性は初めて2人を下回り1・79人となった。いずれは結婚したいと思っていても、結婚後に「子供は2人も要らない」と考える若者が増えていることになる。こんな状況で、子供の数が増えるはずがない。

言うまでもなく、人口減少は国力の低下に直結する。こうした現実に対して、日本政府が抜本的な対策を打っているかといえば、あまりにも心許ない。先に述べた出産準備金のようにその場限りの思いつきで、結局はすべて〝カネ〟で解決しようとしているだけだ。

「異次元の少子化対策」は中身がスカスカ

2023年1月、岸田文雄首相は年頭の記者会見で「異次元の少子化対策に挑戦する」と表明し、施政方針演説では「6月の骨太方針までに、将来的な子供・子育て予算倍増に向けた大枠を提示する」と述べた。

しかし、その具体策として岸田首相が掲げた3つの柱は、①児童手当を中心とした経済的支援の強化、②学童保育や病児保育、産後ケアや一時預かりなどすべての子育て家庭に対する支援拡充、③育児休業制度の強化を含む働き方改革の推進やその支援制度の充実――で、これらは既存の施策の延長線でしかなく、どこが「異次元」なのか、さっぱりわからない。

さらに、そもそも何をベースに「倍増」とするのかについて岸田首相は「中身を決めずして最初から（中略）数字ありきではない」と明言を避け続けた。要は「異次元の少子化対策」も、岸田政権が目玉政策として看板を掲げた「デジタル田園都市国家構想」や「資産所得倍増プラン」と同じく、まずキャッチコピーありきだから中身が後付けでスカスカなのだ。4月には少子化対策も担当する「こども家庭庁」が発足したが、言葉遊びの思いつき政策ばかりの岸田政権に少子化のトレンドを反転することは到底できそうにない。

岸田首相は前述の施政方針演説で「子供・子育て政策への対応は待ったなしの先送りの許されない課題」と強調したが、実際は事ここに至っても、少子化問題に本気で立ち向かっているとは思えない。なぜなら、少子化の根本的な原因になっている制度を変えようとしていないからだ。

フランス式の少子化対策も議論が進まず

新たな制度の導入を模索する動きもある。私が10年近く前から経営者の勉強会「向研会」などで提唱している「N分N乗方式」という税制だ。

かつてマッキンゼーで私のもとにいて「平成維新の会」事務局長も務めた茂木《もてぎ》敏充《としみつ》・自民党幹事長が少子化対策に効果があるとして5年前から持論にし、２０２３年１月の衆議院本会議で紹介した。これは、先進国の中で合計特殊出生率が１・８３（２０２０年）と高いフランスが導入している制度で、所得税の課税対象を「個人」ではなく「世帯」にした上で、世帯の所得を合わせた総収入額を世帯の人数で割り、それをもとに累進税率を適用して課税する方法だ。累進税率の所得税では所得を分割したほうが適用税率は低くなり、子供の数が増えるほど、より低い税率が適用されて税額が少なくなるため、子供を多く持つインセンティブになるのだ。

ところが、この「N分N乗方式」について鈴木俊一財務相は、日本は個人の所得に応じて異なる税率を適用する累進課税の仕組みを採用しているとした上で、導入した場合は「課税単位を個人から世帯に改める」ことに加え、「『共働き世帯』と比べて『片働き世帯』が有利になる」「高額所得者に税制上大きな利益を与える」など「いろいろと課題がある」として、導入に消極的な姿勢を見せている。

しかし、これは議論の前提が間違っている。私に言わせれば、そもそも日本の所得税の累進課税が厳しすぎることが問題なのである。鈴木財務相の指摘は、財務省がサボタージュするための言い訳にすぎない。

日本の所得税の税率は、課税所得の金額によって5%から45%まで7段階に分かれ、330万円は20%、695万円は23%、900万円は33%と海外の富裕層並みの重税になっている。たとえば、アメリカは10%から37%の7段階だが、日本より累進制が緩く、中間所得層の税率が低い。日本の場合、累進性をもっと緩やかにすれば、中間所得層が「N

分N乗方式」の恩恵を受けられるようになって子供を産みやすくなる。富裕層も、子供がたくさんほしい人はどんどん子づくりに励むだろう。

自民党的な古い家庭観こそ〝障害〟

それ以前に、日本における少子化対策には最大の〝障害〟がある。「戸籍制度」だ。

本質的に少子化に歯止めをかけるためには、婚外子（非嫡出子《ひちゃくしゅつし》）に対する偏見や差別の要因になっている戸籍制度を撤廃しなければならない。

合計特殊出生率が２０２２年に０・７８となって過去最低を更新した韓国、２０２２年に１・２６と7年連続で低下した日本は、ともに婚外子の割合が２％台でしかない。40〜70％の欧州諸国とはケタ違いの少なさだ。韓国は２００７年末に戸籍制度を廃止したが、日本は相変わらず父系中心の戸籍制度を墨守している。

一方、欧州では、合計特殊出生率が１・７７（２０２０年）で婚外子の割合が50％以上のデンマークは１００％母系であり、スウェーデンなど他の多くの国も自国籍の女性が産んだ子供であれば、父親が誰かは問わず、すべて自国民として国籍を与える「レジストレーション（登録）」だ。つまり、母親が相手の男性と法的に結婚していようがいまいが、婚内子（嫡出子）であろうが婚外子であろうが、関係ないのである。その子供の母親が誰かは、間違えようがないからだ。

日本も本気で少子化対策に取り組むなら、法的に結婚している両性かどうかは関係なく、子供がほしいカップルは人工授精でも養子でも子供を持てるようにすべきである。となれば、夫婦別姓は当然であり、同性婚も認めなければならない。

折しも、岸田首相がLGBT法案をめぐって「家族観や価値観、社会が変わってしまう課題」と述べ、当時の首相補佐官発言も問題になった。リベラルを標榜する岸田首相のもとで、奇《く》しくも政府・自民党の保守的家庭観が露呈したわけだが、そういう古い価値観のままで少子化の流れを反転しようと思っても不可能だ。

今回のLGBT法成立を契機に、自民党的な古い価値観がひっくり返れば、少子化対策にとっても非常に大きなプラスになっただろうが、蓋を開けてみれば結局、国連の圧力に屈しただけで、自民党のスタンスは何も変わっていないことが露呈した。

岸田政権は抜本的な解決策に取り組もうとせず、単にカネをバラ撒くことに終始している。その結果、さらに国民の将来不安を増幅させる悪循環に陥っているのが現状なのだ。

生まれながらに借金を背負う子供たち

2023年3月、一般会計総額が過去最大の114兆3812億円となる2023年度予算が成立した。新型コロナウイルス対策や物価高対策、高齢化による社会保障費の自然増に加え、防衛費も大幅増となったことなどが重なって、前年度予算を7兆円近くも上回り、11年連続で過去最大を更新した。

一方で、日本の「国の借金」(国債・借入金・政府短期証券の合計)は、2023年6月末時点で1276兆3155億円に達し、過去最大を更新。国民1人あたりで単純計算すると実に1000万円を超えているが、これは今後も増え続ける可能性が高い。

借金大国・日本の現状を見て私が思い出すのは、1984年から1989年までニュージーランド首相を務めたデビッド・ロンギ氏の大改革だ。

ニュージーランド経済は国民党政権下の1970年代後半から悪化の一途を辿《たど》り、インフレの加速、経常収支の悪化、財政赤字の拡大が続いて国民1人あたりの借金は世界最高水準に達していた。

そこで、労働党の党首だったロンギ氏は総選挙のテレビCMにかわいい女の子の赤ちゃんを登場させ、「この子は、生まれながらにして5万ドルの十字架(借金)を背負っている」というキャッチコピーを打ち出してキャンペーンを展開した。借金の金額などについては記憶違いがあるかもしれないが、いずれにしても、ロンギ氏率いる労働党は、この印象的なキャッチコピーとともに、経済の立て直しと財政の健全化を公約に掲げ、政権交代を果たした。そして、「国民の支持を得られなくとも、改革を断行する」と宣言し、財務大臣にロジャー・ダグラス氏を起用して規制緩和、国営企業の民営化、税制改革、補助金削減、行政部門の役割の見直しなどを推し進めた。

その結果、ニュージーランド経済は低迷から脱し、財政赤字も改善した。この「ロジャーノミクス」と呼ばれる経済・財政・行政改革は、イギリスのサッチャリズム、アメリカのレーガノミクスと並ぶ20世紀の代表的な経済政策として知られている。

一方、岸田文雄首相には、ロンギ氏のような危機感は全くないようだ。しかし、日本の債務残高はGDPの2倍を超え、主要先進国の中で最も高い水準にあるのだから、かつてのニュージーランドと同じような状況と言える。経済が成長しないのに、国の債務だけが成長している、という異常事態なのだ。

大盤振る舞いの補助金も結局は国民負担

にもかかわらず、政府はさらに借金を積み増す政策を連発している。たとえば、レギュラーガソリンの全国平均価格が1リットルあたり170円を超えたら最大35円を石油元売り各社に支給する「ガソリン補助金」は、ロシアがウクライナに侵攻する前の2022年1月から始まり、すでにそのための予算は6兆円を超えている。

この補助金について、私は当初から「石油・ガソリン関連の市場を歪めるだけでなく、元売り各社は上場企業なので株式市場も歪めてしまう」と雑誌連載などで批判したが、案の定、石油元売り大手3社（ENEOS、出光興産、コスモエネルギー）は2022年3月期決算の純利益が過去最高を更新し、2023年3月決算も全社が増収だった。これは絶対におかしい。

原油価格の上昇で在庫評価益が発生した上、調達時より販売時の原油価格が上昇したことが利益を押し上げたとされるが、国の補助金で儲けを増やしているのは間違いない。そんな本末転倒の歪んだ政策を続けるのは、国民に対する〝犯罪〟である。

報道によれば、ガソリン補助金は当初、月3000億円規模の負担があったため、閣僚の中からも「続けるなら『出口』を当然考えなくてはいけない」（山際大志郎経済再生大臣＝当時）との意見が出ていたが、即刻やめるべきだった。小売価格が高くなれば消費者は倹約を考える、それで消費エネルギーが減る、という好循環を生むのが本来のやり方だ。

また、大幅に値上がりした小麦価格についても、政府はさらに上がらないようにするため、輸入小麦の政府売渡価格を2022年10月以降も据え置いた（2023年4月からは前期比5・8％引き上げた）。物価高に苦しむ目の前の国民を救済する措置は必要だが、コストは半年分で最大350億円相当になる可能性があるとされ、その財源は税金や国債だから、結局は国民が負担することになる。

＊

「国の借金」は、すなわち将来世代へのツケである。「少子化対策のため」と言いながら、生まれてくる子供たちにますます重い〝十字架〟を背負わせようとしているのが、今の日本政府の政策なのだ。こんな矛盾に満ちた政策を続けている国で、明るい展望など開けるわけがない。

子供や孫にツケを回すことなく、日本経済を活性化させるにはどうすればよいのか？

そのカギを握っているのが「シニア層」だ。２０３０年には総人口の３人に１人を65歳以上が占めることになる世界トップクラスの超高齢社会・日本が、この課題を解決する方法を次章から探っていきたい。

第1章〔シニアビジネスの発想法〕

最後に「いい人生だった」と思えるか

多様化する高齢者のニーズに応えよ

日本は総人口が減少する中で、65歳以上の人口は2022年に3627万人と過去最多を更新し、総人口に占める割合＝高齢化率も29・1％と世界で最高となっている。

超高齢社会に突入した日本は多くの社会課題を抱えているが、裏を返せば高齢者が満足のいく晩年を過ごせる社会を実現できれば、〝課題先進国〟として範を示すことになる。

また、国民の約3割に達するシニア層を顧客と見れば、数少ない成長市場としてビジネスチャンスは多い。その想定市場規模は1200兆円と巨大であり、関連する分野が多岐にわたる裾野の広い産業である。

しかし、この巨大な成長市場を開拓し、うまく取り込めている企業は少ない。シニアの実態への理解が不足しているためであり、「儲けよう」という発想ではなく、「いかに満足してもらうか」を最優先に考えて、安心して消費してもらう必要がある。

シニアビジネスは介護が始まってからと捉えている企業も多く、葬儀を起点に時間軸を前後に伸ばすと、シニアビジネスにはまだ取り込めていない「空白地帯」が広がっている。

シニア人口が増加・多様化する中で、理想的な晩年の過ごし方や人生のしまい方も、多種多様になってきている。そうしたニーズに対応することは、日本のシニア層を明るく前向きにすることにも寄与するだろう。

日本経済を活性化し、日本全体を明るくする起爆剤となるシニア市場、シニアビジネスの発想法を提言する。

基調セミナー

シニアエコノミー
——大前流シニアビジネスの発想法——

日本人に特徴的な2つの経済感覚

今回のテーマは、シニアエコノミーです。我々の世代は、日本は資源に乏しいので将来に備えてせっせと貯金をしなさいと言われて育ったんですが、そのせいか、今では2000兆円もの個人金融資産があります。この数字は、皆さんご存じですよね。

では、これがいったいどのくらいの金額なのかと言いますと、世界最大の原油輸出国サウジアラビアの年間の輸出額がだいたい20兆円です。ですから、サウジアラビアの原油ざっと100年分に相当するお金が地下――銀行口座やタンス――に眠っているのが日本、ということになります。昔の教えを守って貯蓄し続ける、実に素晴らしい国ですね。

日本人の経済感覚にはもう1つ、特徴があります。それは、皆さん亡くなる時には資産だけを残して、ほとんど借金がないんです。貯金ばかりしなさいと言われて育ってきているので、死ぬまで貯金をして、結局亡くなる瞬間が人生で最もキャッシュリッチという皮肉な状況になっています。平均すると、3000万円以上のキャッシュを持って、借金がない状態で死んでいくんです。

これがもし中国人だったら、必ずもう1軒、不動産を買うか、株に投資します。あるいはアメリカ人だったら、別荘を温暖なサンベルト（北緯37度以南の地域）や南の州に買って、引退後はそちらに移り住みます。さらに、スウェーデンと比べるとわかるんですが、税金が高いことで知られているこの国で貯金する人はいません。なぜかと言えば、最後は国が全部面倒を見てくれるので、必要以上にお金を貯めておく必要がないからです。イタリア人は死ぬ時にお金が残っていたら「失敗」と考え、使い切って死ぬ人生を理想と思っています。

一方、日本人の場合は、貯金をして、年金をもらって、そして各種保険もかけている。しかも、資産そのものはローンを払い終わっている。私に言わせれば、なんてもったいない死に方をするのかという話です。

日本人は、自分の資産をバランスシートで考えるという習慣がありません。しかし、その考え方を変えたら、確実に人生の自由度が増します。そして、日本経済全体も活性化されます。これが、私がこれから説明しようとしている「シニアエコノミー」の基本です。

高齢化率は世界で断トツ1位

今、日本には65歳以上の人口が3600万人以上います。過去最多を更新し続けているだけでなく、高齢化率は世界で最高です（図表2参照）。

上のグラフで、最も幅が広いグレーのところが勤労世代です。15歳から64歳の人たちですが、この世代は今後、急速に減っていきます。そして、そのすぐ下の薄いグレーのところが65歳から74歳、さらにその下のところが75歳以上ですが、これらのセグメントはほとんど減りません。それに対して、一番上の0歳から14歳というのは急速に細っていきます。下のグラフは、65歳以上の人口全体に占める割合、これを高齢化率と言いますが、28・6%。ドイツが22%で2位ですが、日本が世界断トツ1位です。

人口動態からわかる日本の危機

次に、デモグラフィー（人口統計学データ）を見ていきます（図表3参照）。最も人口が多い世代が「団塊の世代」です。1947〜49年の第1次ベビーブームに生まれた世代で、約800万人に達します。そのすぐ前の世代で、急激に凹《へこ》んでいるのは、戦争で亡くなった方々が多かったからです（さらに20年ほど後に極端に人口が少なくなっているのは、丙午《ひのえうま》の影響による）。

1990年というのは、「団塊の世代」が働き盛りを迎え、「団塊ジュニア」世代が働き始めるセグメントに入ってきた時期です。ここから2030年にかけて、年代ごとにこの2つの〝山〟のピークに印をつけてあります。

また、「%」で表示されているのが高齢化率です。1990年には14・5%だった高齢

図表2 日本は総人口が減少する中で2022年に65歳以上人口が3624万人と過去最多、高齢化率は世界で最高となっている

日本の高齢化の推移

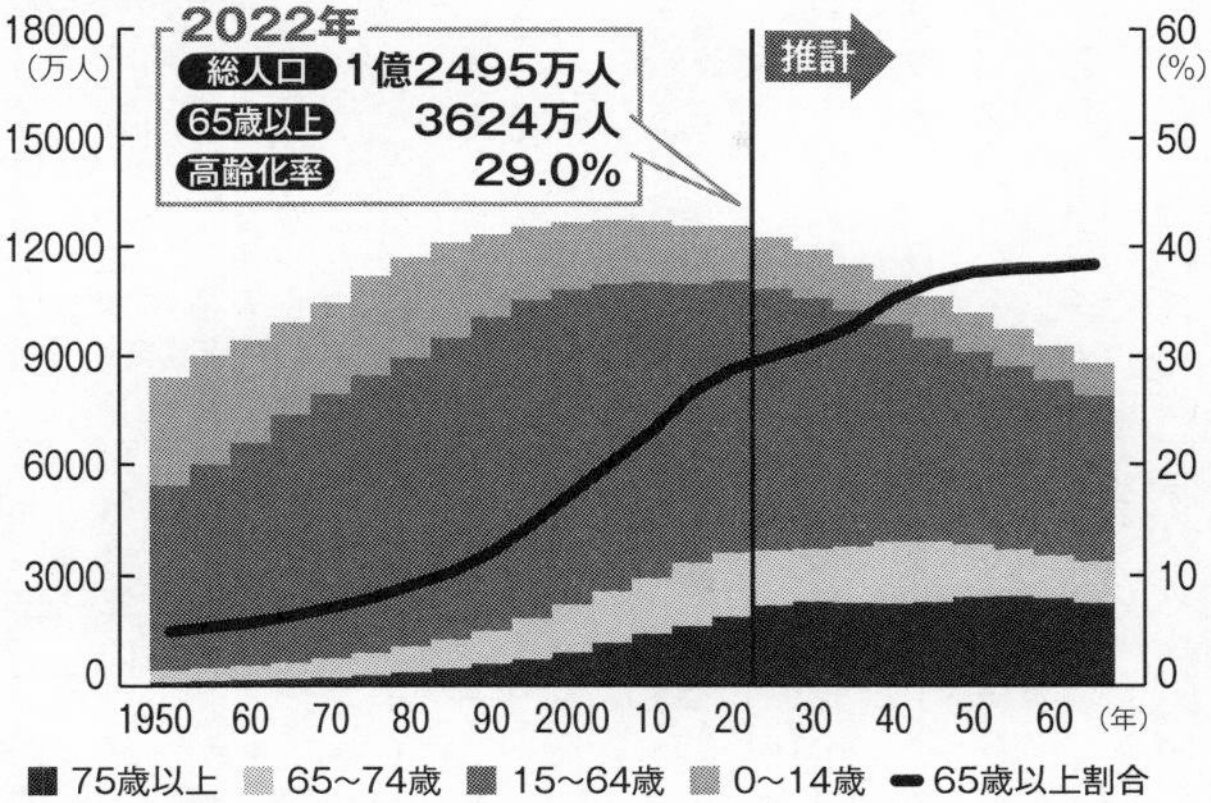

世界の高齢化率※(2020年) ※総人口に占める、65歳以上人口の割合

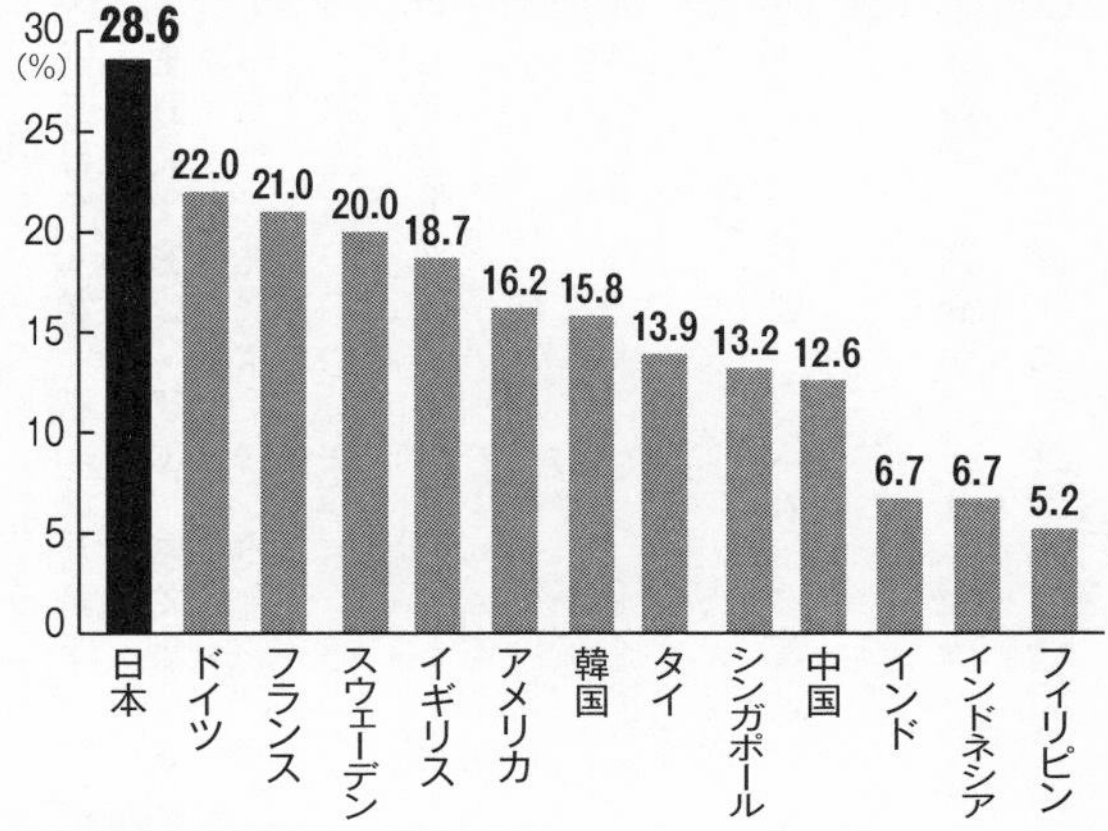

(出所)内閣府「令和5年版 高齢社会白書」

化率は、2030年には32・8%にまで上昇すると予想されています。

さらに、団塊ジュニアは2030年には印の位置にありますが、このあと7年で全員が65歳以上になります。そうすると、32・8%が40%を超えてしまいます。働くセグメントは薄いグレーの部分ですから、そこが大幅に細ってしまうことがよくわかると思います。

そうなると、警察・消防や自衛隊、さらには介護・看護といった社会の根幹を担う人材が決定的に不足することになります。そうした由々しき事態が、目の前に迫っているわけです。

超高齢社会の問題をチャンスに変える

超高齢社会に突入した日本は、多くの社会課題を抱えています。図表4に、電通が発表した資料をもとに、それらの課題を列挙してあります。

たとえば、少子高齢化や労働力人口の減少、社会保障費の高騰など、社会構造が大きく変化しています。地方では過疎化が進み、コミュニティの希薄化と単身世帯の増加といった地域構造の変化も起きています。それに加えて、オレオレ詐欺などの社会問題もなくな

図表3 少子高齢化の進行によって、老年人口層が〝上・横〟に伸張し、人口ピラミッドが〝イモ虫型〟へ移行している

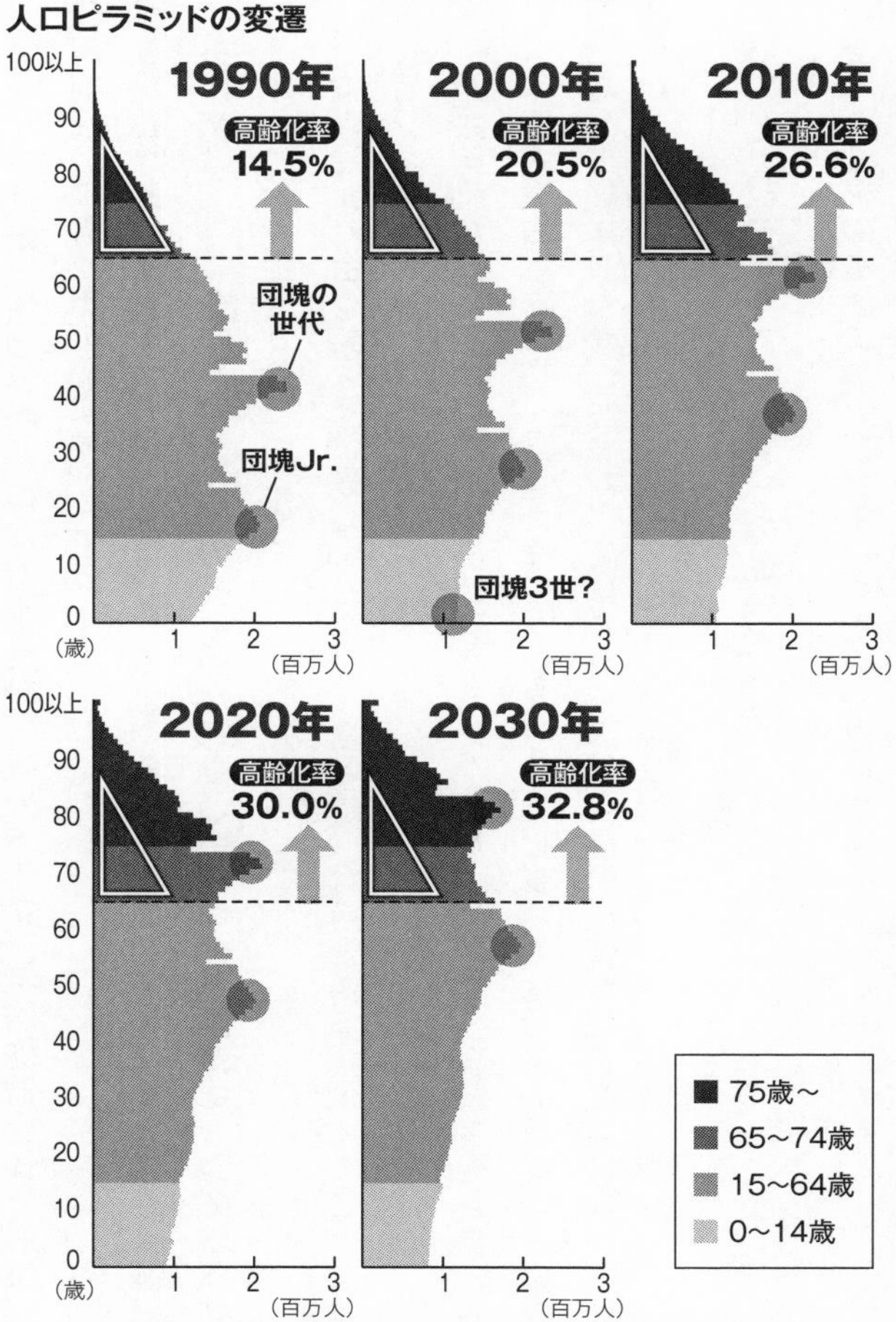

(出所)国立社会保障・人口問題研究所「人口ピラミッド」よりBBT大学総合研究所作成

りません。なぜ詐欺だと気づかないのかと不思議に思いますが、特殊詐欺全体でも毎年300億円前後の被害が出ています。

それから、高齢者が抱える個人的な課題としては、身体機能の低下、日常生活の困難、さらに、外出やコミュニケーションなどの社会的な行動というものが困難になって、孤立化が進むということも指摘されています。

このような超高齢社会が抱える問題というのは、裏を返せば解決策を提供することによって大きなビジネスチャンスになります。

私自身、20数年前から「アタッカーズ・ビジネススクール」などで、高齢者を対象にしたサービスや葬式やお墓など亡くなった後のケアを考えるビジネスは今後の日本唯一の成長産業だと教えていましたが、今となってはこれらの社会課題全体が成長産業になっていると思います。

「シニア」と「お年寄り」のイメージの違い

次に、令和シニアの実態について見ていきたいと思います。

図表4 超高齢社会に突入した日本は多くの社会課題を抱えているが、数少ない成長市場としてビジネスチャンスは多い

超高齢社会における課題

(出所)電通「電通報 超高齢社会の課題解決ビジネスNo.1」より加筆作成

まず「呼称」ですが、シニア、お年寄り、おじいさん、おばあさん……と、中高年にもいろいろな言い方がありますね。それで、「何歳から『おじさん／おばさん』ですか」と、様々な世代の人に聞くと、20代の人は、だいたい47歳ぐらいから「おじさん／おばさん」になると言っています（図表5参照）。これは、60代の人も同じような感覚ですが、70代の人に聞いてみると、「おじさん／おばさん」と呼ばれるようになるのは55歳ぐらいからという認識です。つまり、世代によってかなり感覚が違うんですね。

そして、「おじいさん／おばあさん」とか「お年寄り」という呼称は何歳からかと質問すると、やはり世代によって違ってきます。

一方で、「シニア」という呼び方は、どの世代の人もだいたい60歳を過ぎた人という印象を持っていて、平均すると61・6歳からシニアになるというイメージです（ＷＨＯ〈世界保健機関〉の定義では65歳以上）。

しかも、一番年齢が上だと感じる「お年寄り」のイメージは、平均73・1歳で、シニアとの差は11・5歳もあります。

ということで、ここからは、皆さんが感じる年齢層が共通していて、幅広い世代を指す

図表5 「シニア」と「お年寄り」では、呼称に対するイメージに最大11.5歳の差がある

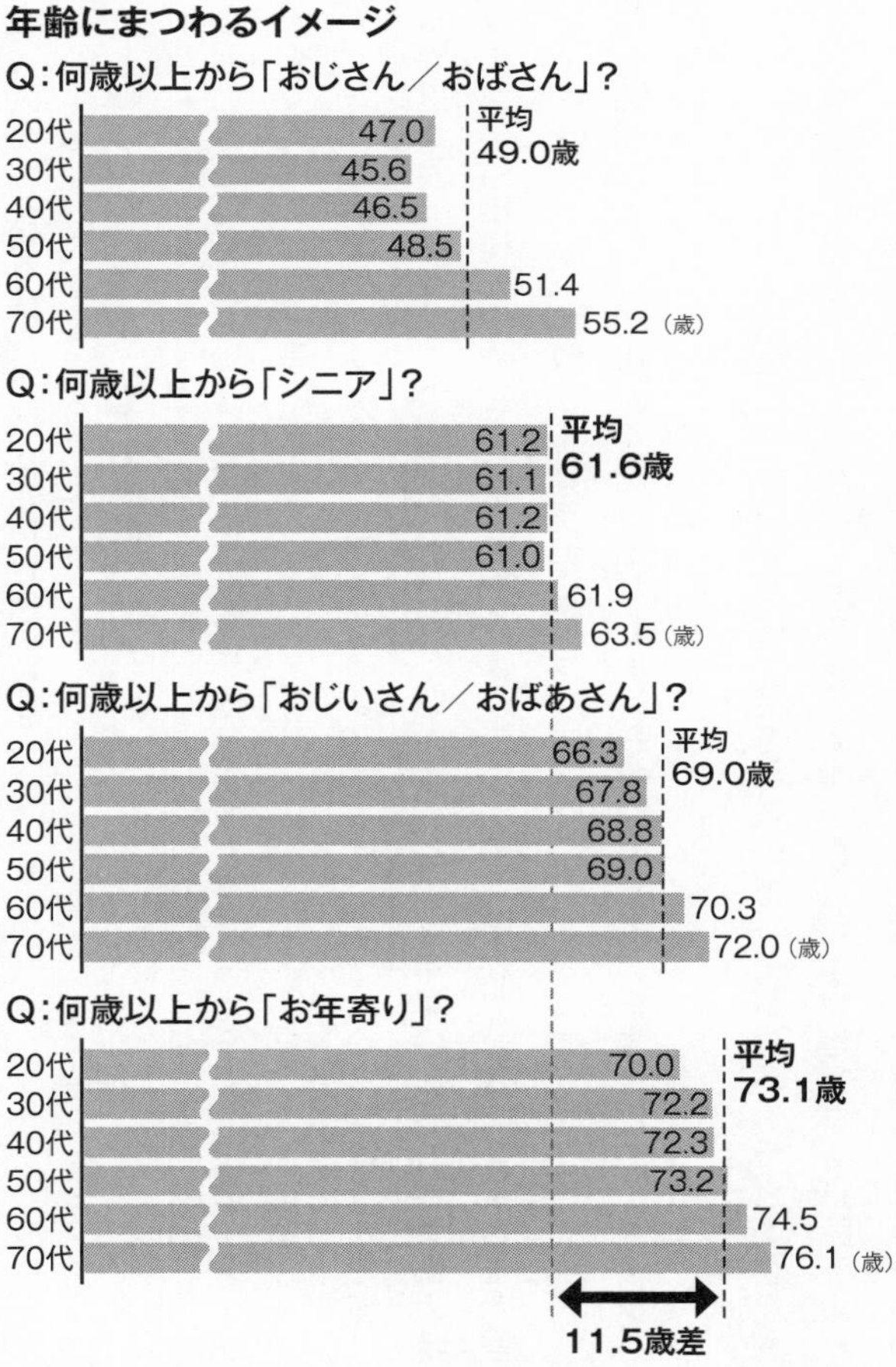

（注）調査対象、全国の20～79歳の男女1万894人。調査実施機関、2021年12月10日～12月15日
（出所）サントリーウェルネス株式会社「実感年齢白書 2022」

「シニア」という呼称を使っていきたいと思います。

意外と誤解している「シニアの実態」

シニアというと、皆さんはどんな人たちを想像しますか？　おそらく、そのイメージは実態と大きく違っていると思います。

まず、シニア世代は「ガラケー」を使っていると思っていませんか？　違うんです。なんと77％がスマホ（スマートフォン）を持っています。この2年半の新型コロナ禍の時期に、ワクチン予防接種の予約をスマホでやるようになって、それで急激に普及したと言われています。ですから、ガラケーは本当にガラパゴス化したわけです。

さらに、60代の7割、70代の4割以上がLINEを利用しています。このイメージ、けっこう違うでしょう？

それから、この世代の人たちはテレビをよく見ているので、テレビショッピングを利用している人が多いと思っていませんか。違うんです。テレビショッピング（11％）よりも、パソコンやスマホを使ったネットショッピング（23％）を利用している人のほうが多いんです。また、オリンピック選手や若手の政治家を、子供とか孫のように見て、テレビの前で応援することもやっています。これは〝親目線推《お》し活《かつ》〟などと呼ばれています。

一方、敬老の日にお祝いしてもらいたいという人は、シニアの中で18％しかいません。もうこんな祝日はやめたほうがいいと思います。寿命がどんどん延びているので、まだ元気なうちから何十回もお祝いされても困るんです。実際、日本では、働けるうちはできるだけ働きたいというシニア世代の人が62％もいるんです。

孫のことは大好きで、4人に3人が盆暮れ以外でも口実を見つけて孫に会いたいと考えています。実際に会えなくても、動画や写真をスマホに送ってもらって毎日眺めているという人もけっこういます。

ただ、実態は非常に寂しくて、統計をとると、シニア世代の3人に1人が「おひとりさま」です。単身世帯ということですね。

シニアの世代別イメージ

このシニア世代というものを、個別・世代別に見ていくと、さらにその実態が摑《つか》みやすいのではないかと思います（図表6参照／年齢は2022年末時点での満年齢で換算）。

たとえば、年齢が一番上の87歳以上、1935年以前に生まれている「戦前」世代の人は、約750万人います。女性のほうが長生きしますので、男女比は1対2です。影響を受けたスターや芸能人は、春日八郎、美空ひばり、ディック・ミネといった人たちです。ディック・ミネと言っても、今ではもう知らない人が多いと思いますが、数々のヒット曲があった歌手ですね。このセグメントの人たちが注目している市場・商品サービスのキーワードは「終活」「相続」「介護」「フレイル（虚弱・老衰）」などです。

次は「戦中」世代。76歳から86歳で、私もここに入ります。約1300万人で、まだまだ仲間がいっぱいいます。若い頃は学生運動が盛んだった時代で、私もその影響で学園閉鎖されてしまったため留学先から戻れなくなりました。この世代が影響を受けたのは、鶴田浩二、三波春夫、三橋美智也、フランク永井などです。私も中学生の頃は三橋美智也の歌ばかり歌っていたので、いまだに歌詞を見なくても三橋美智也の曲は3番まで歌えます。

それから、そのちょっと下が、約620万人いる、いわゆる「団塊」の世代ですね。ここは、1947年から1949年までのわずか3年間に生まれた人たちを指しますが、そ

図表6 シニア人口が増加・多様化する現在は、「シニア」を一括りにするのではなく、個別・世代別に見た方が実態をつかみやすい

シニアの世代別イメージ

時代	バブル	ポスト団塊	団塊	戦中	戦前
年齢※1（生まれ）	53-60歳（1962-69年）	61-72歳（1950-61年）	73-75歳（1947-49年）	76-86歳（1936-46年）	87歳以上（1935年以前）
人口※2	約1200万人	約2000万人	約620万人	約1300万人	約750万人
特徴	●ポップカルチャー、遊び ●スキー、ジュリアナ東京 ●ウォークマン ●趣味が多く仕事半々	●家電充実、モノが豊かに ●朝ドラ開始 ●専業主婦、仕事人間 ●週刊少年ジャンプ創刊、首都高開通 ●定年を迎えて模索中	●ファストフード、ジーンズなど ●高度成長経済 ●マイホーム神話 ●95%以上が元気、アクティブ	●戦争を知る世代 ●学生運動が盛んな時代 ●約3割は介護認定者 ●三種の神器（TV、冷蔵庫、洗濯機） ●紅白開始、東京タワー	●男女比1：2 ●親が明治・大正生まれ ●戦争経験者 ●約5割は介護認定者
影響を受けた人	●キャンディーズ ●山口百恵 ●ピンク・レディー ●アリス	●タイガース ●ドリフターズ ●小柳ルミ子、森進一 ●ビートたけし、坂本龍一	●ビートルズ ●石原裕次郎 ●坂本九、吉永小百合 ●田中角栄、三國連太郎	●鶴田浩二 ●三波春夫 ●三橋美智也 ●フランク永井	●春日八郎 ●美空ひばり ●藤山一郎 ●ディック・ミネ
注目市場	●商品サービス ●恋、美食、美容 ●セカンドライフ ●学び、資格、検定 ●趣味、ドライブ、旅行	●起業、就労、社会参画 ●長期滞在、リゾート、海外 ●アンチエイジング、スポーツ ●孫、学び	●通販、健康食品 ●海外・国内旅行 ●資産形成 ●小世帯家電、スマホ ●エンタメ、観劇	●シニア住宅 ●資産形成　●終活 ●国内旅行 ●温泉施設 ●通販、健康食品	●終活、相続 ●シニア住宅 ●介護、介護住宅 ●低栄養、フレイル、嚥下

※1 年齢は2022年末時点での満年齢　※2 人口は2020年時点での概算
（参考）ソーシャルサービス

れでも620万人もいるので、いかに出生数が多かったかわかります。この世代が影響を受けたのが、ビートルズや石原裕次郎、田中角栄といった人たちですね。サユリストも多いです。

それに続くのが、「ポスト団塊」世代です。年齢的には61歳から72歳で、この世代が約2000万人います。この人たちが影響を受けた人は、また全く違ってきます。タイガースやドリフターズ、ビートたけし、坂本龍一などです。「起業」や「海外リゾート」「アンチエイジング」などに関心が高いようです。

そして、シニアの一歩手前になりますが、「バブル期」世代。これが53歳から60歳で、約1200万人となります。ポップカルチャーに影響を受け、ジュリアナ東京などで踊っていた世代です。注目している市場は「恋」「美食」「美容」「旅行」などですね。

このように世代別に刻んで比較してみると、相当違う生い立ちがあったということがわかります。それを踏まえて、まずはどういうシニアビジネスを発想したらいいかを考えていきます。

シニア向け市場を分野ごとに見る

日本は、約2000兆円の個人金融資産の6割以上、およそ1200兆円をこの65歳以上のシニアセグメントの人たちが保有しています。それほど巨大な市場がここにあるということです。

その市場を分野ごとに区分してみると、図表7の下の表のようになります。

まず、「生活」全般のビジネスが関連してきます。この世代の人たちは、最初に入った会社で定年を迎えても、まだ働きたいと思っている人が多いので、「就業支援」を求めています。それから、若い頃に買った家が老朽化し始めるため、住み替えやリフォーム、移住支援といったニーズもあります。さらに、子供が独立して家計に余裕が出てくることもあって、レジャーやエンタメ、フィットネス、旅行、金融などにお金を使うようになります。食事で少し贅沢をするといったことも含まれます。

次は、医療・医薬関係です。歳をとればとるほど、身体はいろいろと不具合が出てくるので、健康や病気の治療などへの関心が高くなります。そこで、医療品や医薬品、診断機器、さらにリハビリなどの分野の商品やサービスは大きなビジネスになる可能性があります。

それから、介護も重要です。医療とも関係がありますが、ここでは家事の支援、介護施設、介護食品、介護用品といった、より身近なものが含まれます。

最後は、エンディング。これは、いわゆる「終活」や生前葬、葬儀、お墓といったようなマーケットになります。

このように、シニア市場と言っても、かなり様相の違うものがその中にたくさんあるわけです。

成長産業＋高利益率の医療・介護分野

次に、シニアを対象とする市場の中でも、医療・介護分野は成長産業であるだけでなく、利益率が高いことが特徴として挙げられます。

したがって、たとえば保険会社のＳＯＭＰＯホールディングスは、数年前に外食・宅食などを手がけるワタミの介護部門やメッセージ社を買収して介護事業に本格参入し、今で

図表7 国内シニアビジネスの想定市場規模は1200兆円と巨大であり、関連する分野が多岐にわたる裾野の広い産業

日本の家計金融資産

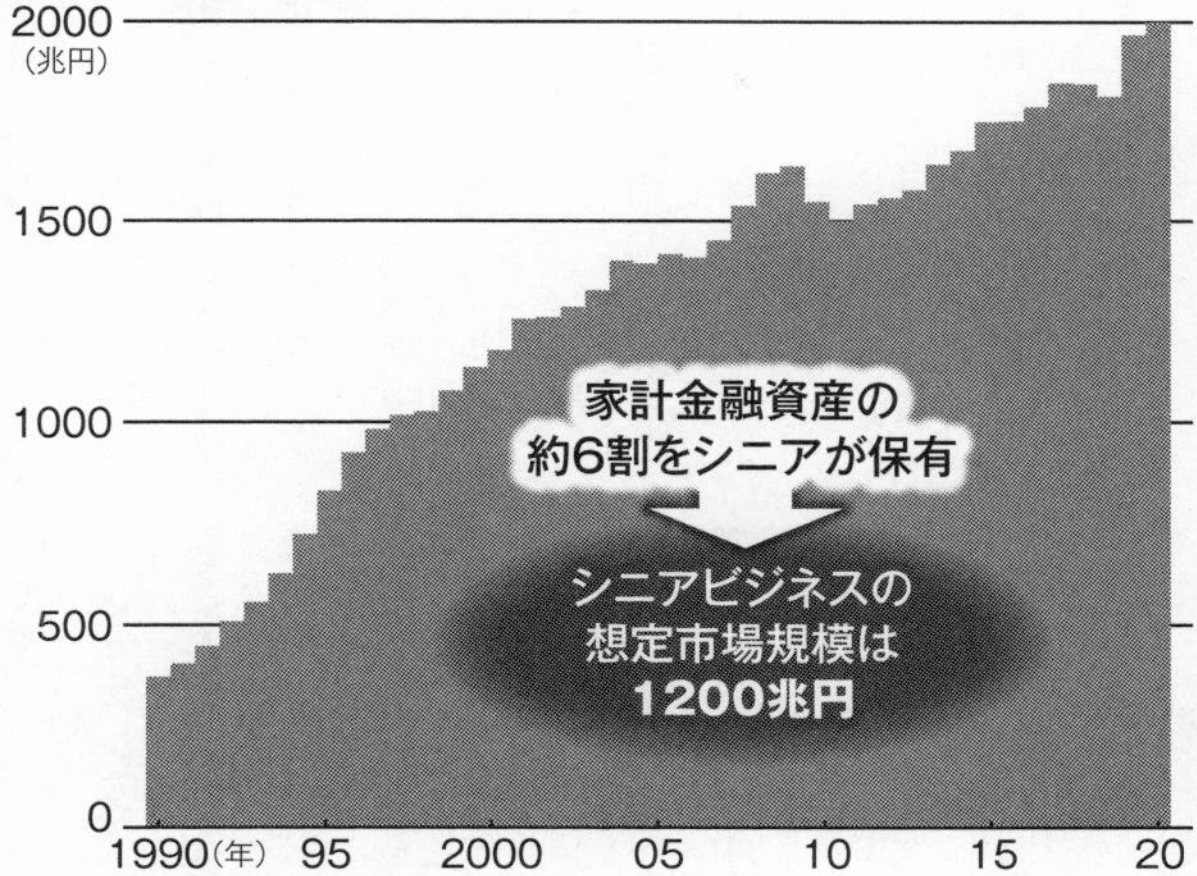

(出所)日本銀行「資金循環統計」

主なシニア向け市場の区分

生活	就業支援、住み替え、リフォーム、移住支援、レジャー、エンタメ、フィットネス、旅行、金融など
医療・医薬	医療品、医薬品、診断機器、医療関連サービス、リハビリなど
介護	家事支援、介護施設、介護食品、介護用品など
エンディング	終活、生前葬、葬儀など

(出所)日本政策金融公庫「調査月報 2019 No.133」よりBBT大学総合研究所が作成

は介護ベッド数で国内1位になっています。

あるいは、金融持ち株会社のソニーフィナンシャルグループは、傘下のソニー・ライフケアが介護事業を展開しています。もともと国内28拠点で有料老人ホームなどを運営していた「ゆうあいホールディングス」を完全子会社化して、新規参入しています。

東京電力は、2000万軒の顧客データを中心に、遠く離れていても家の中の様子がわかる「見守り・セキュリティ」「コミュニケーション」「ヘルスケア」といったサービスに取り組んでいます。

沖電気も、通信機器の会社ですので、同じようなことをやろうということで、「夢プロ」というプロジェクトを立ち上げています。認知症予防や糖尿病の早期発見といった技術開発も進めています。

このように、「おひとりさま」の世帯が多いので、通信機器やAIなどを使って、何か異常があった時に連絡・通報するというビジネスが注目されているわけです。

なぜ今ヘルスケアが注目なのか

図表8　少子高齢化、医療費高騰、コロナ禍など深刻化する社会問題を、テクノロジーによって解決を目指す動きが加速している

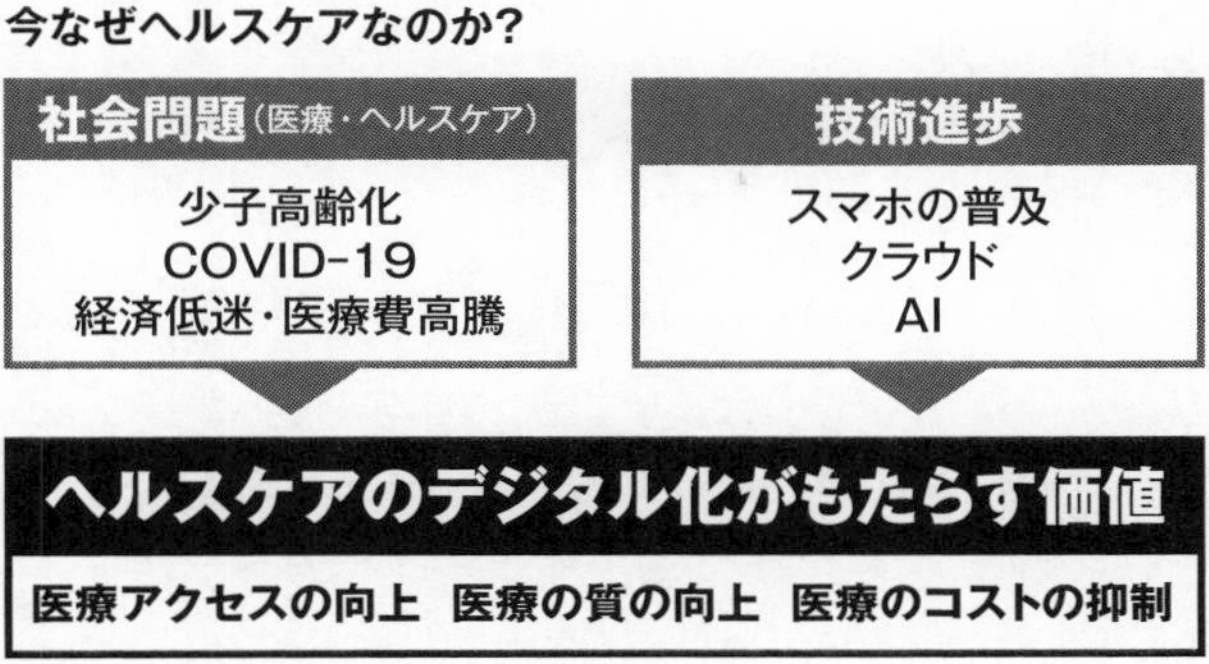

（出所）NEC資料をもとにBBT大学総合研究所作成

ここで、ヘルスケア市場の規模と現状について見ていきたいと思います（図表８参照）。

今なぜこの分野に注目が集まっているかというと、まず大きな社会問題となっている少子高齢化が挙げられます。高齢者がどんどん増える一方で、それを支える現役世代が減っていっているので、この状況をどう克服するかが大きな課題となっています。

それから、新型コロナ禍のようなパンデミックも、これから新たな感染症がいつどこで発生するかわかりません。そのリスクの高さを、今回のコロナ禍で人類は身をもって体験していると思います。

さらに、経済の低迷と医療費の高騰がじわじわと家計を圧迫しています。こういう社会的背景があります。

その一方で進んでいるのが技術の進歩で、スマホの普及、クラウドやAIの登場とその活用によって、従来は想定していなかったあらゆることが可能になってきています。たとえば、医療アクセスの向上、医療の質の向上、医療費コストの削減・抑制などができるようになります。

にもかかわらず、日本の場合には、これらを誰が主導してやっていくのかが全く明確ではありません。厚生労働省なのか、日本医師会なのか、司令塔不在、責任者不明です。厚労省でも、リーダーとなる大臣はクルクル変わって、誰も責任を取らないまま、何も進展しないという状況が続いています。

増大する医療費の現状

日本の医療がハコ・モノ・人にどのぐらい費用をかけているかということを総括していきます（図表9参照）。

図表9 増大する医療費をカットするには、病院・薬局経営を抜本的に改革する必要がある

増大する医療費の現状問題

国民医療費	「44兆3895億円」で過去最高（令和元年度、GDPの約8%）
病院数	「8300施設」で世界最多（2位はアメリカ：6146施設）
MRI、CT	「MRI 51.7台／CT 107.2台」でともに世界最多（台／100万人あたり）
薬剤師	「190人／人口10万人あたり」で世界最多（計31万人、OECD平均は86人）
薬局	「6万171施設」（コンビニエンスストアは約5万7000店舗）
受診回数	「12.5回／年」で世界2位（OECD平均は5.3回。最多は韓国17.2回）

（出所）OECD「図表でみる医療2021：日本」ほか各種報道資料より作成

医療費カットの方向性

不要な通院を減らす

医師が診断して病院に来る必要がなかったと判断したら、保険適用外とする

OTC医薬品の処方箋を出さない

自己負担が少ないという理由でOTC医薬品も病院で処方箋を出してもらっているが、禁止する

薬価を〝成功報酬型〟にする

欧米では、薬剤を使用した患者に現れた効果に従って薬剤の償還価格を決定する制度がある　例ラクスターナ（網膜の遺伝病治療薬）一定期間に効果がなければ薬剤費を返還

AIを導入して、薬局や薬剤師を削減する

AIを導入するなどして薬局の調剤を機械化すれば、薬剤師を減らしてコストを大幅に削減できる

メディカルツーリズムを積極的に誘致する

日本の病院は、病床や設備が過剰である。黒字化するためには海外の外国人を積極的に誘致する

（出所）小学館「週刊ポスト」2019年4月26日号　大前研一記事

まず、国民医療費がGDPの約8%にも達しています。金額で言うと、44兆円を超えて過去最高です。

それから、病院の数は世界一です。約8300施設。2位のアメリカは6146施設です。あの広い国土と日本の3倍ほどの人口をもつアメリカでその数字ということは、日本がいかに多いかという話です。

さらに象徴的なのが、高度医療機器であるMRI（磁気共鳴画像装置）やCT（コンピュータ断層撮影）などの設置状況です。日本では、人口100万人あたりのMRIが51・7台、CTが107・2台となっています。ともに世界最多です。こういう医療機器は、自分たちの医療施設の中に導入すると診療報酬が自分の病院・クリニックに落ちるので、みんながこういう機器を導入する投資を積極的にやろうとします。それで、少しでも検査したほうがいいとなったら、躊躇なくMRIやCTを活用しています。

薬剤師の数も、日本は世界最多です。人口10万人あたり190人で、総数は31万人います。OECD（経済開発協力機構）の平均は半分以下の86人ですから、その多さがよくわかります。ただし、今の薬剤師はほとんどやることがないんです。昔の調剤は、基本的に上皿天秤で分銅を使って「頓服《とんぷく》何g」などとやっていましたが、今はほとんどが調剤・パッケージ済みの薬を医師の処方箋に従って出すだけですから。

また、薬剤師は患者の薬歴を調べたり、「1日に何回、何錠ずつ飲む」といった服薬指導をしたりする必要がありますが、それもプリントアウトやデータである程度は代替できます。さらに、AIとロボットを使えば、薬剤師は基本的に要らなくなります。

ところが今の日本では、薬剤師1人あたり1日に40枚までしか処方箋を処理できないと厚労省の省令で決まっています。患者への丁寧な説明のためとか薬剤師の過労や長時間残業を防ぐ目的などがありますが、AIやロボットを活用すれば、この上限をもっと引き上げられるのではないかと思います。

そして薬局。これは今、日本全国に6万軒以上あって、コンビニエンスストアの総数よりも多い状態です。いわゆる〝門前薬局〟と呼ばれるように、大きな病院の前に3つも4つも薬局がある風景は珍しくありません。

それから、受診回数の統計をとると、日本人は年に12・5回で、世界で2番目に多いです。日本よりも回数が多く、世界で最も医者にかかるのは韓国で、年に17回以上も診てもらっています。OECDの平均は5・3回ですから、韓国と日本がいかに突出しているかという話です。

医療費カットの方向性

では、政府の立場から見てこの莫大な医療費をカットしていくにはどうしたらいいか。まずは、不要な通院を減らす。これは、医師の診断が必要な病気なのかどうか、定義を明確にしたらいいと思います。たとえば、風邪をひいた程度であれば、病院には行かずに市販薬（一般用医薬品またはOTC医薬品）を飲むように指導する。医者が診察して、病院に来るまでもない症状だと判断したら、保険の適用外にする。そうやって「何が病気か」ということを定義しないと、医療費はどこまでも膨らんでいきます。

それから、日本の場合は薬局やドラッグストアなどで買える市販薬でも、医者に処方してもらうと自己負担が減るので、値段が安くなります。そのため、風邪薬でも湿布薬でも、みんな病院に行って処方箋を出してもらったほうがいい、となります。こうした処方箋は禁止して、市販薬で間に合う場合は処方箋を出さないようにすべきです。

私の経験では、〝治らない病気〟が好きな医者がたくさんいます。胃潰瘍とか花粉症とかは、医者がどれだけ念入りに診断・治療しても、治りません。治らないから患者が何回でも来てくれて、診療報酬の点数が加算されますし、たくさん薬も処方できます。

また、薬価というのは、薬事審議会（薬事・食品衛生審議会）というところが決めているのですが、欧米では、薬を使用した患者に効果があった場合に、その薬の償還価格を決める制度があります。逆に、効果がなかったら、薬代は払わなくていいということです。たとえば、アメリカで網膜の遺伝病治療薬として承認された「ラクスターナ」という薬は、1億円ぐらいする超高額の新薬でしたが、一定期間内に効果がなければ薬代を全部返す、というやり方をとりました。つまり、薬価も〝成功報酬型〟にする、ということですね。

そして、先ほど薬剤師や薬局の数について述べた際にAIとロボットの活用ということを申し上げましたが、医師も薬剤師もAIやロボットが得意とする作業は任せて機械化・効率化することで、負担も人数もコストも大幅に減らせると思います。

一方で、日本国内には「無医村」と呼ばれる地域があります。離島や人里離れた山奥にある村などですが、そういうところはそれこそネット回線でつないだ遠隔診療・オンライン診療ができれば一番いいわけです。オンラインで24時間つながっていて、いつも見守ることができる環境が整備されていれば、いざとなったらドクターヘリでも何でも出して救急医療につなげばいいというふうにもなります。ところが、アンケートをとると、日本の医者の半数以上（後述のアンケートでは67％）がそうした遠隔診療に後ろ向きという結果になります。技術的にはかなり進化しているのですが、結果的に今の日本では遠隔診療やオンライン診療というものは全く進んでいない状況です。

それでも、病院の数が非常に多く、病床や設備は過剰になっているので、海外から患者を呼び込んで診察・治療を施す「メディカル・ツーリズム」に力を入れてはどうかという議論もあります。それによって莫大な医療費を少しは賄えるかもしれませんが、残念ながらこれは言葉（日本語）の問題や外国人の受け入れなどいろいろな課題があって、なかなか実現は難しいでしょう。

以上のように、ますます医療費が増える一方で、それをカットするための具体的な対策はほとんど手つかずの状態です。こういう状態を長年続けた結果、どうなったか。

まもなく医療費50兆円超え

歳出総額114兆円を超える日本の国家予算の内訳で、最も多くを占めるのが「社会保障」です。これが3割以上に達しています（図表10参照）。

そして、社会保障給付費の中で医療費は40兆円を超えていて、2025年には50兆円の大台も突破すると予想されています。増大する一方で、とどまるところを知りません。就労者1人あたりで単純計算すると、年間100万円近くを負担していることになります。驚くべき数字です。

これを抑える方法は、先ほども解説したように「病気」というものを明確に定義して、それに当てはまらない場合に病院で受診したら保険は適用されないというふうにするしかないと思います。また、市販薬でも対処できそうなら、病院で処方箋を出すのは禁止する。

「そんな制度改悪をして、かえって病気を悪化させる高齢者が増えたらどうするのか」という意見が出るかもしれませんが、そこまでやらないと歯止めなく拡大する今の日本の医療費の問題は解決できません。

コロナ禍で露呈した非デジタル国家・日本

そういう状況の中で、日本も新型コロナ禍に見舞われたわけです。

この感染拡大で直面したのが、医療アクセスの制限です。感染力の強い病気ですから、当然のことながら患者が出歩くと困るので、なるべく外出せずに診療・処方を受けたいところです。患者を受け入れる病院側としても、病床と医療スタッフの不足が続き、受け入れを拒否せざるを得ない状況が続きました。

にもかかわらず、そういった現実に対処できる方法が、日本の場合はほとんどないということがはっきりしました。

世界一のベッド数と、世界一の病院数でありながら、コロナ用の入院・治療施設が全く足りません、となりました。空いているベッドはあるのだから、それをコロナ患者のために転用すればいいじゃないかと誰もが思いましたが、それを命じる権限がどこにもないんです。日本政府でもない、地方の自治体でもない。医師会もそういうことをやると禍根を残すのでやらない。所管する厚労省や自治体は不眠不休で対応しているということでした

図表10 国家予算に占める「社会保障」の割合は3割以上と巨大であり、少子高齢化が加速する日本は医療費の増加が著しい

国の一般会計歳出内訳（2023年度予算）

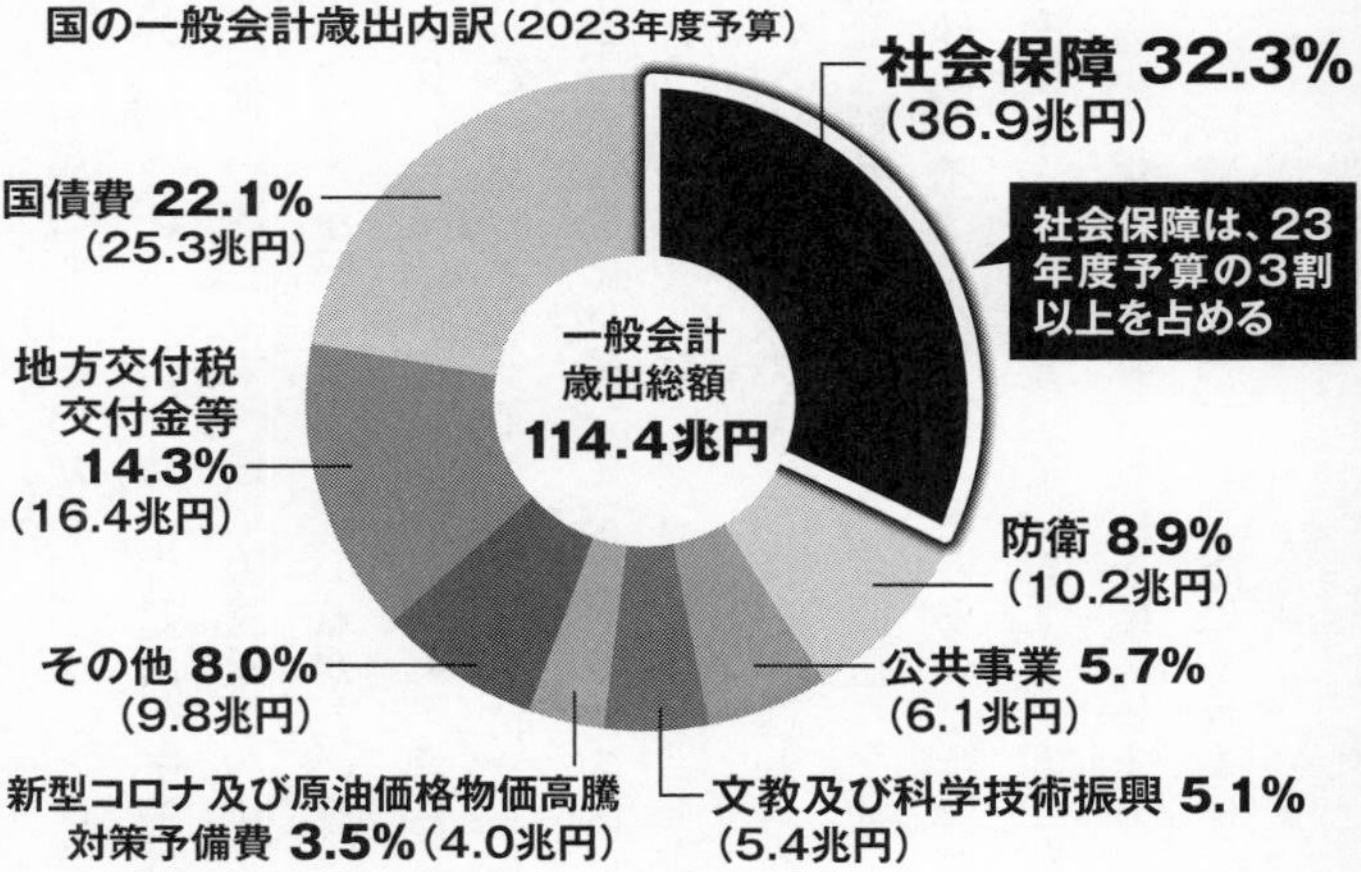

（出所）財務省「日本の財政関係資料」2023年4月

社会保障給付費※の推移（2023年は予算ベース）

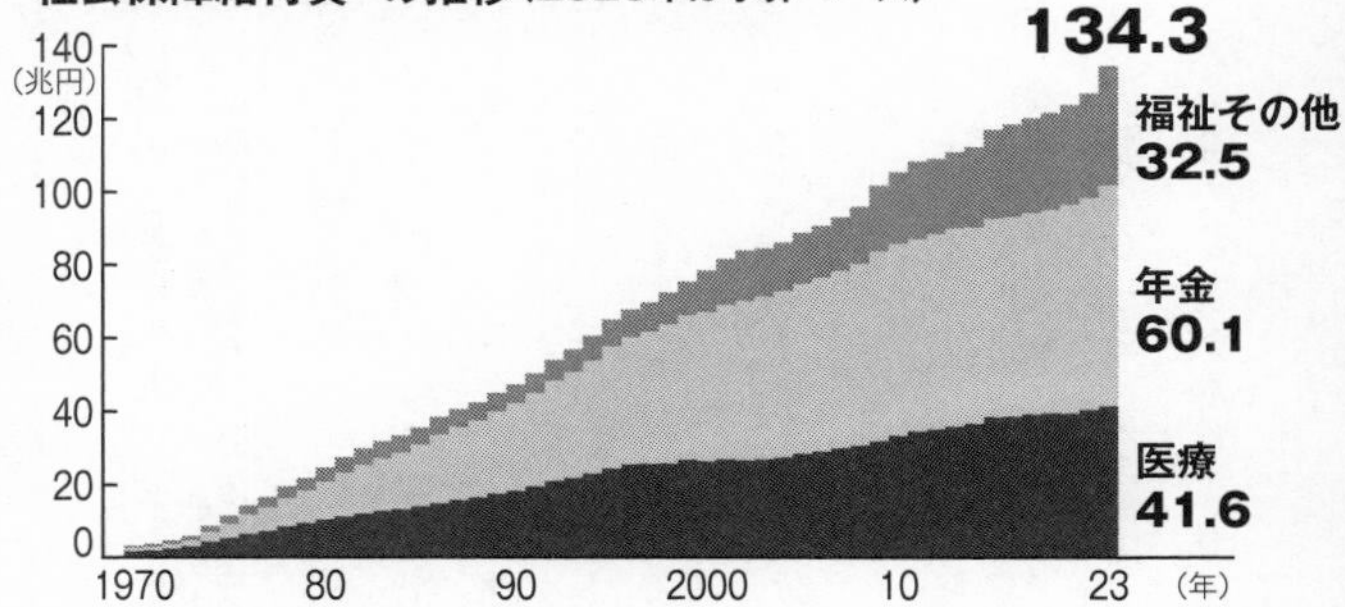

※社会保障の財源は、加入者や事業主が払う保険料が中心
2025年には医療費は50兆円を超える予想で、就労人口が5000万人とすると、1人あたり年間100万円の負担が医療を支えるために必要

（出所）厚生労働省「給付と負担について」

が、結局何をやっているのかわからないという有り様でした。

象徴的だったのは、自治体、保健所、医療機関などの間の連絡手段がいまだに電話とファックスだったことです。日本の医療・ヘルスケアにおけるＤＸ（デジタルトランスフォーメーション）がいかに遅れているかということが浮き彫りになりました（図表11参照）。

要するに、多くの診療所は初診にしろ再診にしろオンライン診療には未対応です。

また、処方薬のオンライン販売も規制があってできません。ようやく今は一部で始まりましたが、基本的には未対応です。ほかの国はもうこちらの方向に一気にシフトしているのに……。

それから、医療情報のデジタル化の遅れも顕著です。その象徴が、マイナンバーカードと保険証を一体化した「マイナ保険証」です。

政府は「マイナンバーカードがあれば保険証は要りません、２０２４年秋以降に紙の保険証を廃止します」と言っています。でも、私が住んでいる千代田区の場合、このマイナンバーカード専用の読み取り機を使えるようにしている病院やクリニックはほとんど見かけないし、設置してあっても実際にそれを使っている人を見たことがありません。スマホ

図表11 新型コロナウイルスの感染拡大によって、日本の医療・ヘルスケアのDXの遅れが問題として浮き彫りとなった

新型コロナによる医療アクセス制限

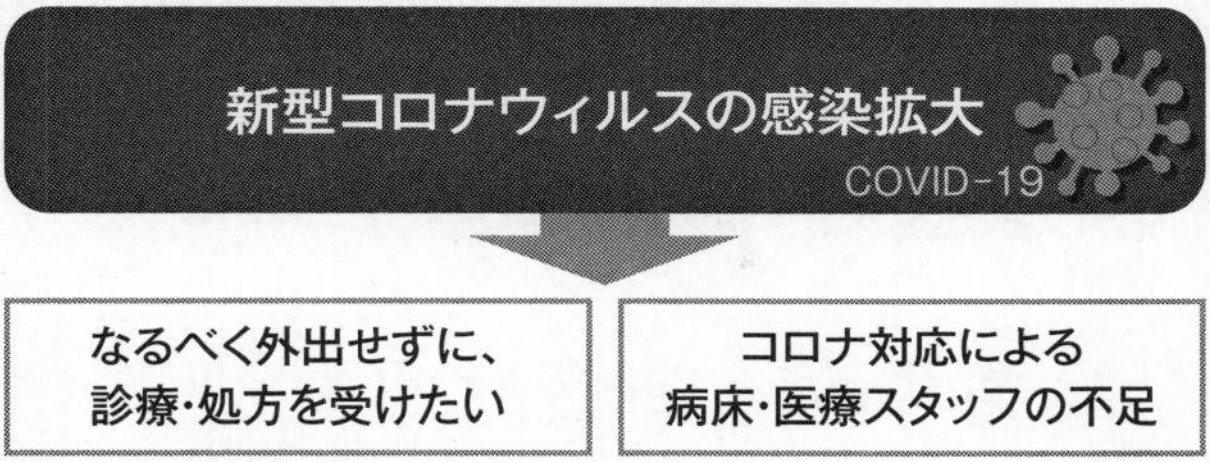
新型コロナウィルスの感染拡大
COVID-19
なるべく外出せずに、
診療・処方を受けたい
コロナ対応による
病床・医療スタッフの不足

（出所）BBT大学総合研究所

医療・ヘルスケアのDXの遅れ

多くの診療所がオンライン診療に未対応

- 初診のオンライン化が未対応
- 再診のオンライン化も未対応

処方薬のオンライン販売が未対応

- 処方薬のオンライン販売の規制
- オンライン服薬指導に未対応
- 電子処方箋に未対応
- 抗原検査キットのネット販売規制など

医療情報のデジタル化の遅れ

- 保険証・マイナンバーなどIDのデジタル化が遅れている
- 保健所はファックスで情報をやりとりしている
- 電子カルテは、各医療機関でフォーマットがバラバラ
- 医療情報が、行政・医療機関・保健所などに集約・連携されていない

に搭載すれば、専用読み取り機など不要になりますが、それもなかなか進んでいないので、カード（アナログ）頼みです。

前述したように、保健所や自治体の連絡手段はファックスです。本来、国民1人1人と国家がデジタルでつながっていれば、新型コロナに感染しても、患者が自分で病院や自治体に連絡したら一瞬で登録完了、となるはずです。百歩譲ってファックスで連絡するにしても、今はファックスの文字をデジタル化して入力してくれるソフトが売られています。それなのに、誰もこれを使っていません。

カルテも、病院によっては電子カルテになっていますが、そのフォーマットは病院ごとにバラバラです。したがって、新型コロナ禍のようなパンデミックになっても、データを電子的に集約できませんでした。

結局、誰の責任で医療の近代化＝ＤＸを進めていくのかということが明確になっていないのです。こんな状況で、今後日本のＤＸが進展するとはとても思えません。

オンライン診療が遅々として進まない理由

実際、新型コロナ禍においで注目されたオンライン診療がどこまで進展したかを見ていきます。

ここで改めてオンライン診療の仕組みをおさらいすると、患者は自宅にいながらにして病院に連絡し、医師にオンラインで診察してもらいます。その後、医師から調剤薬局に処方箋が送られます。この連絡は、残念ながらファックスというケースが多いのですが、薬局は処方された薬について患者にオンラインで服薬指導をしながら、薬を郵送します。

オンライン診療というのは、新型コロナ禍の最初の頃というのは、初診を対面で診察してもらった病院であれば、2回目の診察からオンラインでも結構です、ということでした。最近では、初診もオンラインでいいというふうに変わってきています。

ところがその一方で、医師100人にアンケートして聞いたところ、オンライン診療について「検討するつもりがない」が67%。「必要があれば検討する」が16%、「検討したが導入を見送った」が10%という結果でした。これでは、とてもオンライン化はできません。

しかも、開業医の中には、いまだに処方箋を手書きしている人がけっこういます。

かつて私は、この手書きのカルテを膨大に集めて調べたことがありますが、医師によってはカルテを日本語で書いています。なかには、アメリカ留学帰りだからという感じで、英語で書いている人がいます。昔ながらの医師はドイツ語で格調高く手書きしています。あとの人はミミズが這《は》っているみたいで、誰も読めません。でも、読み慣れた奥さんか看護師さんは、それでもちゃんと処方箋を作るのだそうです。それらはよくできた開業医院ですが、残念ながらカルテのデジタル化はできません。

だから、電子カルテが標準化できないのは当たり前なんです。医師の側がこうしたオンライン診療を大きな病院以外ではやっていないんです。

図表12の下の図を見てもらえばわかるように、「初診からオンラインで実施できる」がわずか6・4％で、「オンライン診療に対応できる」も15％に過ぎません。先ほど言ったように、皆さんここで止まってしまっているんです。何かインセンティブがないと、オンラインに移行しようとは思いません。

たとえばオンラインで診療した時には2倍3倍の点数がつく、というふうにする。最終的には削ってもいいと思いますが、導入時の何年間か、場合によっては10年ぐらいは、そういうインセンティブをつけてでもオンライン化を促進すべきだと思います。

図表12 日本のオンライン診療普及は15%で停滞しており、コロナ感染が猛威を振るう中でもまったく普及しなかった

オンライン診療の仕組み

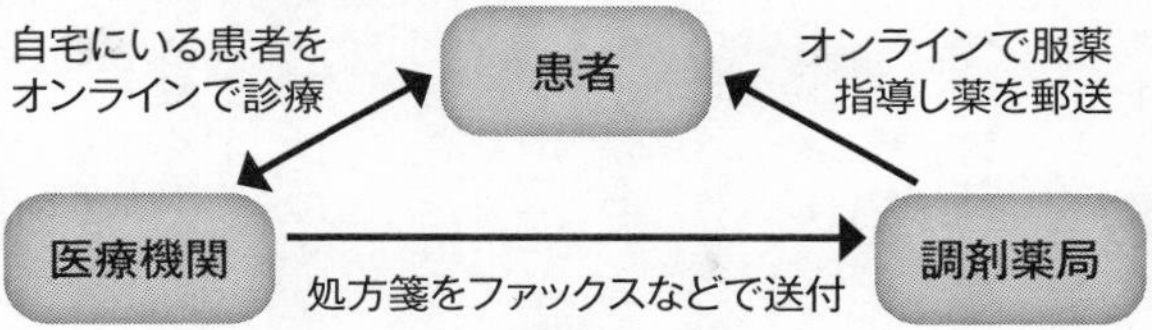

Q あなたはオンライン診療の導入を検討しますか?

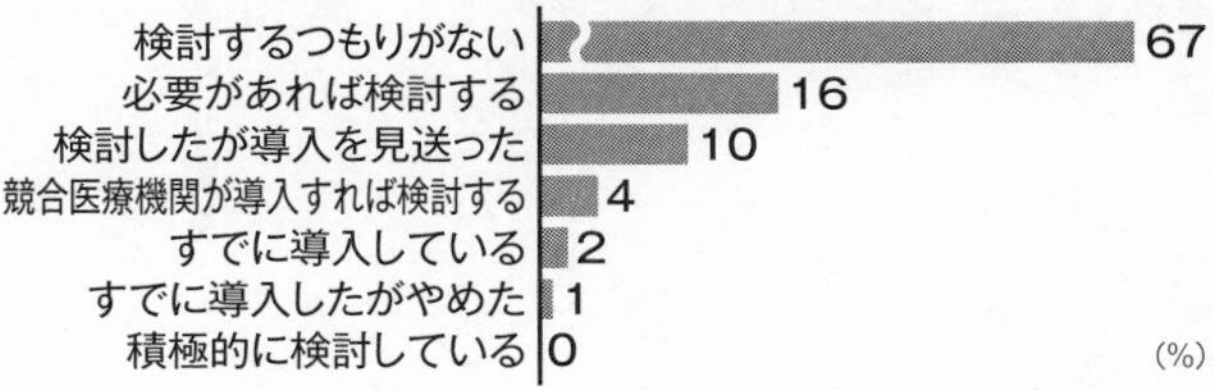

(注)全国の開業医100人を対象にオンライン診療に関するアンケート調査を実施(2021年12月)
(出所) オンラインドクター.com「オンライン診療に関する調査」

オンライン診療に対応できる医療機関の割合

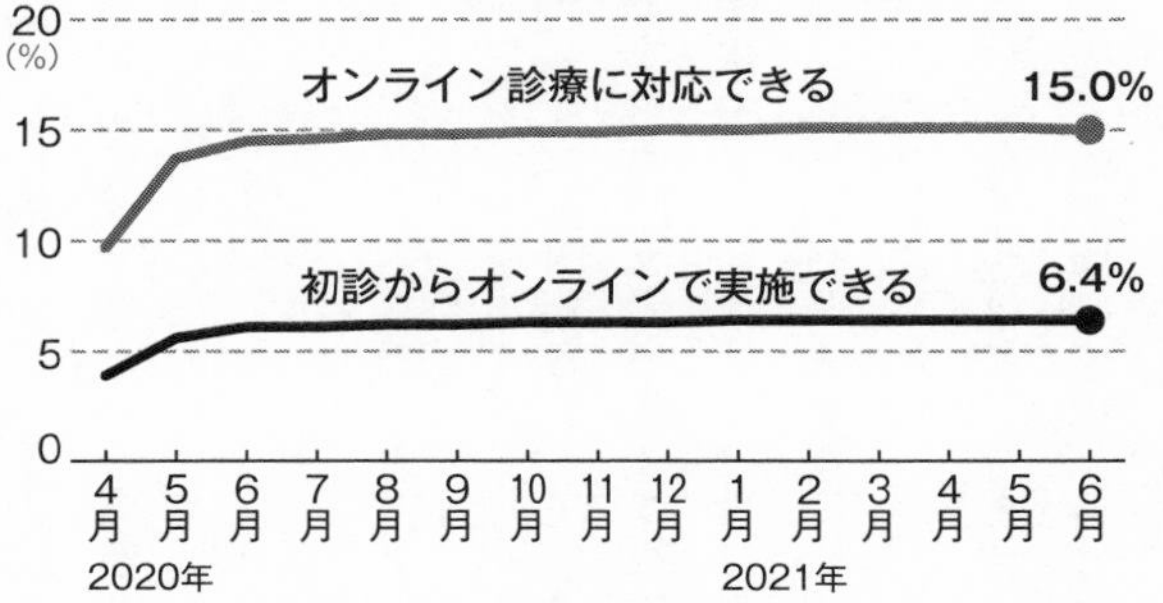

(注)それぞれの割合の分母は、医療施設動態調査(各月末概数)における病院及び一般診療所の合計
(出所)厚生労働省「令和3年4月~6月の電話診療・オンライン診療の実績の検証の結果」

以上、ヘルスケア市場を見てきましたが、巨大な成長市場になり得るのに、その成長が止まったままで、国が莫大な税金を浪費しているというのが現実です。そういう膠着した状況から一刻も早く脱する必要があります。

女性誌トップ『ハルメク』人気の秘密

次に、新たな市場開拓のヒントになる例を紹介します。

出版不況と言われている中でも、シニア世代の中高年女性を主な読者対象として、一人勝ちしている雑誌があります。『ハルメク』という月刊誌です。出版元のハルメク社は、私が主宰している経営者の勉強会「東京向研会」会員の宮澤孝夫さんが代表取締役社長を務めています。当初は『いきいき』という雑誌名だったのですが、『ハルメク』に変え、さらに女性誌で経験を積んだ山岡朝子さんを編集長に迎えてリニューアルしました。

この雑誌の作り方は、普通の出版社と全く違います。私も様々な出版社との付き合いが非常に長く、いろいろな雑誌で記事を書いていますが、ほとんどの出版社では、自分たちで編集して、それを売って、部数を増やして広告を取る、というやり方を当然のこととしてやっています。

それに対して『ハルメク』は広告がほとんどなく、基本的にはシニアの女性を中心に据えて初歩の初歩から徹底的に解説していくという記事作りをしています。「スマホをもっと便利に使うコツ」とか「ネット活用法の基本のき」とかですね。編集者が上から押しつけるのではなく、読者みんなでこういうものを勉強していきましょうよ、という目線なんですね。

さらに、「ハルトモ」と呼ばれる約3000人の読者組織があって、年間200以上のアンケートやインタビューをしているそうです。この「ハルトモ」を通じて、読者が何を求めているのかということを知って、それを企画に活かしています。

面白いのは、商品開発に自分たちで作ったトルソー（胴体モデル）を使っていることです。頭から足の先まである理想的な体型のマネキンに着せるのではなく、協力してくれた読者345人の体型を3次元で計って、よりリアルなシニア女性のトルソーを作り、それに合ったアパレルを作るというやり方なんですね。

今や雑誌はテレビにやられて、ネットにやられて、広告が入らないんです。でも、『ハルメク』はそうした独自のやり方で、過去5年で定期購読者数を3倍以上に増やし、女性誌では49・4万部（2022年下半期）で1位を独走しています。シニアビジネスを考える上でも、この取り組みはとても参考になると思います。

拡大する就業支援サービス

シニア市場の解説で「就業支援」を最初に挙げましたが、日本ではシニアでも就業したいというニーズがけっこう高いんです。図表13にあるように、60歳以上の男女に聞いてみると、まだまだ「収入が伴う仕事を続けたい」という人が40％以上もいます。

一方、フランスなどは、65歳以上の人を働かせようとすると、国民的なストライキになります。定年後も仕事を続けたいと思う人はほとんどいないんです。65歳までで終わりと思っているのに、マクロン大統領が定年退職年齢を引き上げようとしたから、抗議デモが起きて大変なことになりました。ロシアも同じく、年金支給の開始年齢を2年遅らせようとした時に、やはり国民的な暴動が起きて、プーチン大統領は元に戻しました。

それに比べると日本は異例で、高齢者の就業率は着々と上昇しています。図表にあるよ

図表13 シニアの就業したいというニーズの高まりによって、就業を支援するサービスの利用が増加している

今後の就労意欲（2020年）

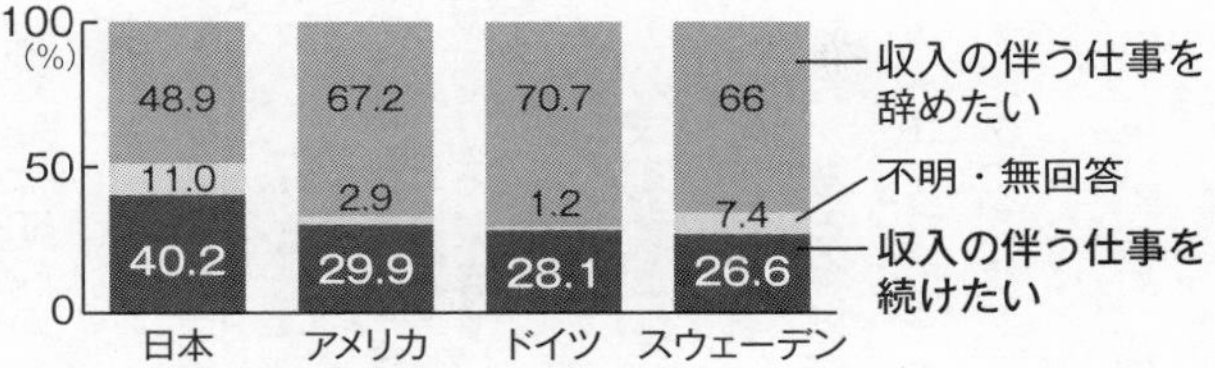

年齢階級別の就業率の推移

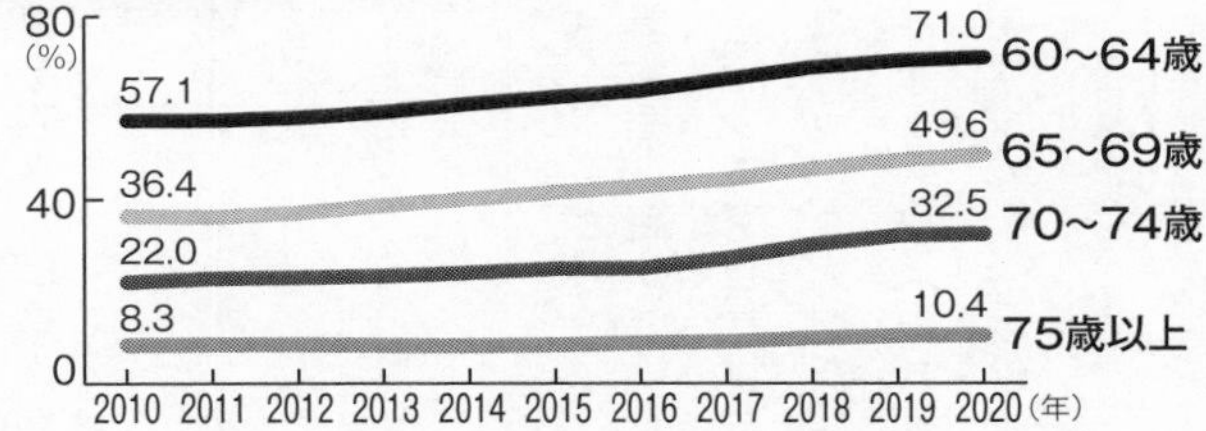

（注）各国在住60歳以上の男女個人1000人対象、2020年12月~21年1月調査
（出所）内閣府「令和3年版 高齢社会白書」

シニア向け就業支援サービス

シニア人材派遣	**株式会社キャリア** ・シニアへの様々な就労支援を行なうシニアワーク事業を実施 **パソナグループ** ・1980年に中高年専門派遣会社、エルダーマネジメントセンターを設立・パソナ顧問ネットワーク、パソナ社外取締役紹介サービス、パソナマスターズなどのシニア紹介・派遣事業を行なう
シニア人材マッチング	**GBER（ジーバー）** シニアの求職者と地域の事業者を結び付けるマッチングサイト **「Inow（イノウ）」** 【高齢者と企業をマッチング】シニア向けジョブ型マッチングサービス

（出所）各社ホームページより作成

うに、直近の調査では60歳から64歳で71%、65歳から69歳は約半数が実際に就業しているという状況です。

そのシニア人材の派遣ということでは、キャリアという企業が、シニア世代の就労支援を行なうシニアワーク事業というものをやっています。また、大手人材派遣のパソナも「エルダーマネジメントセンター」というものを作って、このセグメントを中心にした紹介・派遣事業をやっています。

また、シニア人材マッチングということでは、ジーバー（GBER）という企業がありまして、シニアの求職者と地域の事業者を結び付けることをやっています。なぜこうしたサイトが必要とされるのかというと、シニア世代は会社で20年とか30年働いてきたので、それぞれ専門分野があるわけです。そういう人材が欲しいというニーズを持つ企業とマッチングさせるサイトです。それから、イノウ（Ｉｎｏｗ）というのも、同じように高齢者と企業をマッチングするサービスです。

日本のシニアは「異性の友人」がいない

それからもう1つ、人と人をつなぐ交流支援のサービスも台頭してきています。

実は、日本のシニアは人間関係とか交友関係ということでは、問題が多いんです。家族以外に、親しい友人がいるかどうか、それは同性か異性かという調査があるのですが、欧米とは著しい差があります（図表14参照）。

まず日本の場合は「同性の友人がいる」と回答した人が43・3％で、異性の友人がいると答えた人はたった1・5％です。さらに、「同性・異性の両方の友人がいる」という人も12・6％にとどまり、「どちらもいない」という人が31・3％に上ります。欧米は「同性・異性の両方の友人がいる」という人がほぼ半数います。日本人は「男女七歳にして席を同じゅうせず」という孔子の教えを信じているのか、65歳になっても男女で友人関係を築こうとしないんです。そこは、欧米からすると変わっているように見えます。

ただし、今はシニア向けのSNSがいくつもできています。

たとえば、「らくらくコミュニティ」。当初の運営会社である「らくらくホン」のFCNTは民事再生手続きを取りましたが、このSNS自体は承継されるようです。会員数は200万人以上で、シニアの興味を中心に情報交換する場となっています。

あるいは、「趣味人（しゅみーと）倶楽部」。これはもともとDeNAがやっていたコミュニティサイトをオースタンスという会社が買収してやっていますが、趣味でつながる、仲間ができる、大人世代のSNSということで、カラオケや旅、食事、スポーツなど共通の趣味を介して交流するサービスです。

それから、「スローネット（Slownet）」。これはイメージナビという会社がやっているんですが、まさに、健康、お金、趣味、学び、体験などを「始める」行動力をサポートしようということで、趣味がない同世代との交流が欲しいと思う人に登録してもらって60〜70代の人間関係をつなげていくというものです。

ただ、いずれもSNSの規模としてはまだ小さいです。

まるで孫と同居しているようなサービス

さらに、寂しい話ですが、日本のシニアの特徴の1つに、「病気の時に助け合う近所の付き合いがない」ということが挙げられます。内閣府の『高齢社会白書』では、たった5%でしかありません。また、「相談ごとがあった時に、相談したりされたりする」という

図表14 シニアの「交流したい」というニーズに対しSNS･コミュニティ運営を行なうサービスが台頭

シニアの人付き合い状況国際比較（%）

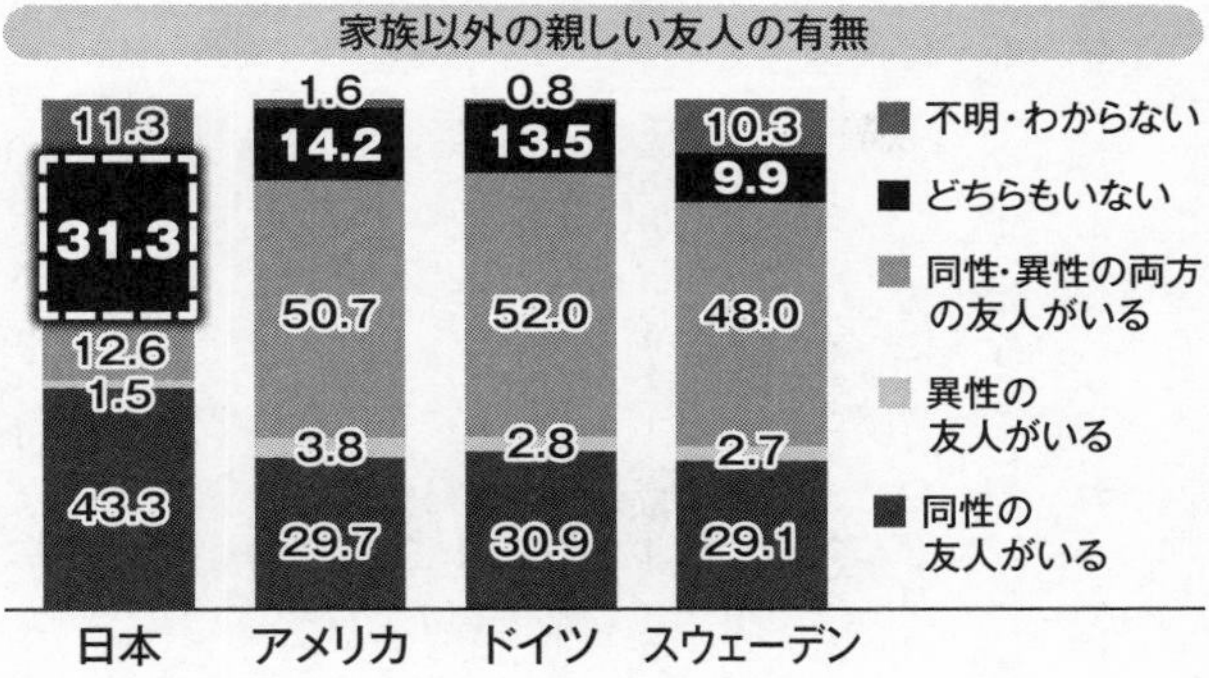

（出所）内閣府「令和3年版 高齢社会白書」

主なシニア向けSNS

らくらくコミュニティ　200万人以上

- ニュースや記事もシニアが興味を持つ内容を中心に構成されているため、情報収集の手段としても便利。
- 個人情報など不適切な内容が投稿された場合は、公開がブロックされるなどの対応が取られるため、情報漏洩のようなトラブルを予防できる。

趣味人倶楽部　㈱オースタンス　約35万人

- 趣味でつながる、仲間ができる、大人世代のSNS。
- カラオケ・食・旅・スポーツなど共通の趣味を介して交流するSNS。
- 運営会社オースタンスが、2019年にDeNAからシニア向けコミュニティサイト「趣味人倶楽部」を買収。

Slownet　イメージナビ㈱　約8万人

- 健康・お金・趣味・学び・体験など、「始める」行動力をサポートしセカンドライフを「楽しむ」ことを応援するコミュニティサイト。
- 趣味がない、同世代との交流が欲しいと思う方々に交流や趣味探しをサポート。
- 60～70代を中心に登録。

（出所）各社ホームページより作成

設問には日本が20%と、やはり欧米と比べて格段に少ないという統計が出ています。

そのように孤立化するシニアの孤独解消ということも、新たなビジネスになると考えられます。

たとえば、「まごチャンネル」(チカク)。これは、テレビにつなぐだけで家族などがスマホから送った写真や動画がテレビで見られるというサービスです。その名のとおり、孫や子供の様子をシニア世代の親が見るというものですが、その逆に、遠く離れた老親の健康状態などを子供が知ることもできます。

それから、「もっとメイト」(MIHARU)。同社のスタッフが、高齢者の自宅に直接訪問して、スマホやパソコンの使い方を教えたり、ちょっとした話し相手になったり、あるいは買い物のサポートをしてくれるというサービスです。

同じように、アメリカには「Papa」というサービスがあり、これはうまく事業化すれば日本でもビジネスになると思います。どういうものかというと、孫ぐらいの世代の若者が来て、話し相手になってくれるだけでなく、パソコン操作とかいろいろなことを手伝ってくれて、何かあったら車を運転して送り迎えなどもしてくれるというものです。若者や学生にとっては、コンビニや飲食店でアルバイトするよりも時給が高いアルバイトになると思いますし、シニアにとっては、まるで孫が同居してくれているような感覚になれるというサービスですね。

さらに、これをもう一歩進めて、昔はよくあった「下宿」というスタイルを復活させると、もっと充実するでしょう。今では下宿はほとんどなくなってしまっていますが、このようなものが事業としては可能だと思います。

「買い物支援サービス」が持つ可能性

また、スーパーやコンビニなどの店舗まで500m以上あって歩いて往復するのが難しく、自動車などの移動手段がないため買い物に困っている65歳以上の人、いわゆる〝買い物難民〟の人口が、3大都市圏と地方圏を合わせて2025年時点でだいたい800万人ぐらいになりそうだという統計があります（農林水産政策研究所調べ）。これはシニア人口の4・4人に1人に相当します。

そうした人々の買い物を支援するサービスが注目されています。たとえば、徳島県の

「とくし丸」。これは「オイシックス・ラ・大地」と提携して、毎週決まった曜日に食品などを積んだ軽自動車が家のそばまで来てくれるというサービスです。売れ残った商品は、ロスが出ないようにスーパーに戻し、そこでさらに販売します。

それから、明治乳業が取り組んでいる宅配サービスがあります。これもなかなか有望だと思いますが、同社の販売店は全国3000店舗あって、そこから牛乳などの商品を「明治の宅配」ということで、各家庭に届けています。さらに外食のワタミと提携し、乳製品と一緒にワタミの弁当も届ける。その際に、シニアの見守りと栄養サポートもするということで、単なるデリバリーではなく、何か異常があったりした時に連絡するためのリストを持っています。これをもっと1歩、2歩進めることによって、さらに大きなビジネスになるのではないかと思います。

自立した「アクティブシニア向け」も充実

一方で、老後資金に余裕があり、自立した生活ができるシニア向けの住宅というのも、最近はいろいろなものができています。比較的費用が抑えられている例では、一般型のケアハウスのような取り組みがあります。入居時の費用が、高くても数十万円程度で、あとは月々10万〜15万円で、食事の提供（施設による）や安否確認、生活相談に対応してくれるというものです。

サービス付き高齢者向け住宅（サ高住）は、施設やサービス内容に応じて毎月の費用が高くなりますが、これも自立した生活ができるシニア向けです。

さらに、住宅型の有料老人ホームや、シニア向けの分譲マンションになると、入居金は数百万円から数億円まで、様々な選択肢があります。

そして、私が設立以来手伝っているアクティブシニアタウン。千葉市稲毛《いなげ》区の約7万㎡の敷地に、7棟の分譲マンションからなる「スマートコミュニティ稲毛」という新しい街を造って、ちょうど今、入居者が850人で満杯になりました。平均年齢は76歳。35％が夫婦で、残りは単身者です。マンション棟と別にコミュニティセンターというのがあり、そこには50以上のアクティビティが楽しめる施設が整っています。ジャズを演奏するとか、麻雀をやるとか、カラオケをやるとか、入居者が好きなことに使える部屋がたくさんあり、食事も和食・洋食・中華と何でも好きなものを選んでもらって、親しい人たちと自由にテーブルを囲むという仕組みになっています。

また、趣味の経験豊かな人がけっこう多いので、入居者自身が講師を務めているサークルもあります。海も近いので釣りの同好会が人気で、釣った魚を持ち帰って料理してもらって食べるといったこともやっているようです。

「5人に1人が認知症」時代に起きる大問題

医療・医薬分野で、大きな課題となっているのは認知症です。統計上は2025年に国内患者数が約730万人となり、高齢者の5人に1人が認知症になるという状況ですが、そのあと2050年には1000万人を超えると予想されています（図表15参照）。

そこで、認知機能の低下に備えて各社がいろいろなサービスを提供しています。たとえば第一生命は、スマホの画面を見る視線の動きから認知機能の低下をチェックするアプリを導入しています。あるいは、オペレーターが契約者に電話をして、応答の様子から認知症の疑いがないかを判定するというようなサービスもあります。

ここで1つ、非常に大きな問題があります。それは、認知症患者が保有する金融資産が、

図表15 認知症700万人時代に突入、認知症の早期発見・予防サービスや、介護費用や財産管理の備えに対するサービスが登場

認知症の国内患者数と予防・発見サービス

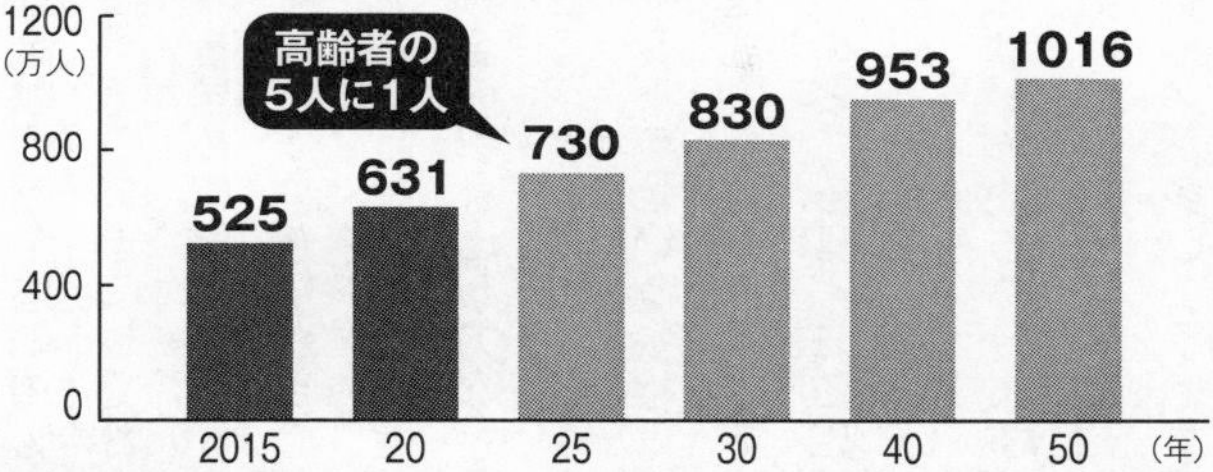

主な契約者向けサービス	
第一生命	スマホ画面を見る視線の動きから認知機能をチェックするアプリ
明治安田生命	健診結果を提出すると認知機能の低下リスクを評価
日本生命	質問に答える声の周波数で認知機能の状態を判定するアプリ
住友生命	電話でのオペレーターとの対話で認知機能を評価

（出所）厚生労働省「認知症施策推進総合戦略（新オレンジプラン）」、MUFG

認知症患者の保有する金融資産額

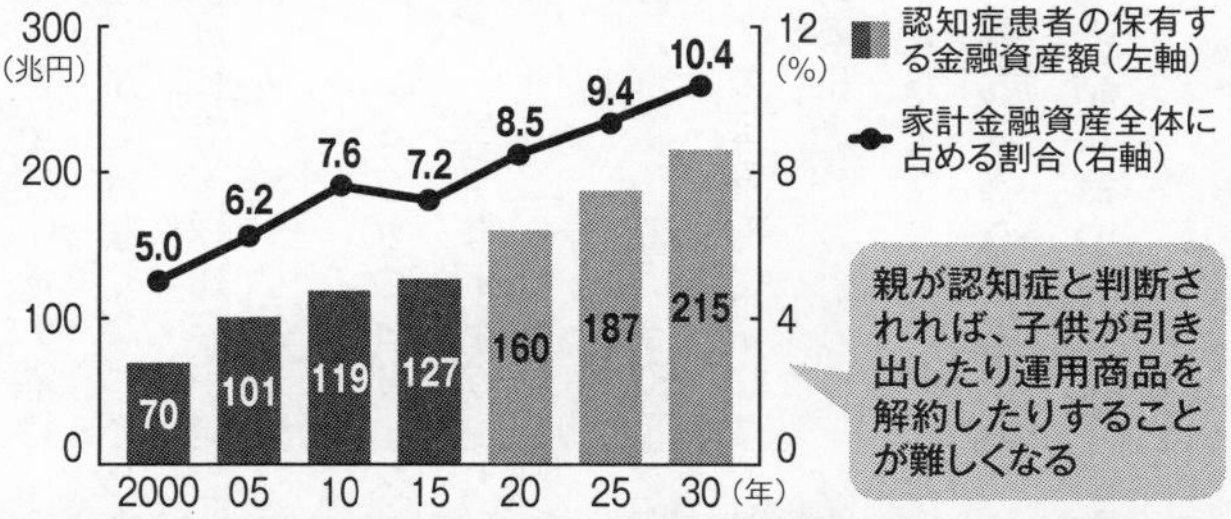

エクサウィザーズ

福岡銀行と顧客の金融行動を見守るサービスを共同開発。過去の入出金情報を分析し、異常な取引を検知する。

ファミトラ

認知症の発症前に資産を家族に委託する「家族信託」を効率化するオンラインシステムを開発。

（出所）日本銀行「資金循環統計」、第一生命研究所、日本経済新聞ほかより作成

間もなく家計金融資産全体の10％に達しようとしていることです。その額は、実に200兆円。これは、そのままにしておくと、法的に出入金などができなくなってしまいます。だから、これを早めに信託するなり、家族に委託するなりして、認知症が発症・悪化する前に資産の帰属をはっきりさせておく必要があります。

そこで、たとえば福岡銀行などがやろうとしているのは「エクサウィザーズ」というサービスで、預金の引き出し方など入出金の情報を分析して、異常な取引があればそれを検知して知らせる、といったことをやってくれます。

また、ファミトラという会社は、認知症の発症前に自分が持っている資産を家族に委託する「家族信託」をオンラインで提供するというシステムを開発しています。

ただ、実際のところは、ここに巨大なマーケットがあるにもかかわらず、なかなかビジネスとしてちゃんと展開できているところは少ないのが現状です。前述したような早期発見のサービスはいろいろありますが、結局、患者本人が病気を認めたがらないということもあって、気がついたら認知症になってしまい、その後に話し合いをしようにも手遅れになっているケースが多いようです。

そうこうしているうちに、資産全体の10％が認知症患者の保有資産になる、という未来が着々と迫ってきているわけです。

介護保険外のサービスも拡大中

それから「介護」分野に目を移すと、「介護保険外」のサービスが多様化してきています。外出の付き添い、配食、話し相手、訪問美容・理容といったものです。

このようなサービスについては、ニチイ学館やワタミ、ダスキン、御用聞きなどの会社が取り組んでいます。ダスキンは、以前は2000万戸もの家庭や事業所にダスキンモップを配っていましたが、最近は介護関連ビジネスのほうが重要になってくるということで、こちら側にシフトしつつあります。いわゆる訪問販売のビジネスが難しくなってきている中で、商品を売りつけるよりも、困っているシニアに対して求められるサービスをしていこうということです。ダスキンがやっている「ダスキン ライフケア」というサービスは、話し相手、料理、洗濯、身の回りの世話といったことをやって、基本料金は2時間7700円からと決して安くありません。

また、御用聞きという会社は、「100円家事代行」というサービスをやっています。5分100円からで、電球を取り換える、郵便物を回収する、ちょっとした掃除をするといった作業をしてくれます。

さらに、介護の人手不足を解消するための技術開発も進められています。

日本は今後も介護士が全く足りない状態です。厚労省によると、高齢化に伴って2040年度には280万人の介護職員が必要になるのに、その4分の1、約70万人が不足すると予想されています。これまでに日本はインドネシアやフィリピン、ベトナムなどから介護福祉士や看護師のなり手を受け入れようとしましたが、難しい日本語試験などがあって、なかなかうまくいきません。そもそも介護職員の給料が低いため、どの施設も人手不足が常態化しています。

今までは介護士1人が3つのベッドを担当している計算でしたが、これからは4つ受け持ってもらわないといけなくなりそうな状況です。いや、もうロボットにやらせましょうということで、介護を支援する技術「介護テック」の開発も進んでいます。

たとえば、転倒防止ベッドや転倒転落予測AIシステムといったものですが、私は介護についてはこうした技術やロボットに頼りすぎることに否定的です。やはり、外国人で難しい漢字が読めなくても、ちゃんと現場で訓練を受けて認められたら介護士として働いてもらって、高齢者の面倒を見てもらうことを目指すべきだと思います。

人生の最後を支えるエンディングビジネス

エンディングビジネスというのは巨大で、生前からかかる費用を含めると70兆円以上のマーケットになると想定されています（図表16参照）。

老後、通院・入院から死去、葬儀、火葬、墓、供養といったシーンごとに市場があります。実は、お寺自体にかかる費用はあまり多くなくて1兆円ぐらいです。

生前マーケットは巨大で約68・5兆円と試算されていますが、死後を含めたエンディング関連企業が次々と登場してきています。

たとえば、鎌倉新書という会社はもともと仏壇・仏具業界向けの書籍の出版をやっていましたが、今では葬儀に関する総合情報サイト「いい葬儀」などを運営して、時価総額は200億円を超えています。「いいお墓」「いい仏壇」などのポータルサイトも展開して、非常に幅広いエンディングマーケットに対応しています。

伊丹十三監督の映画『お葬式』にもお布施の相場の話題が出ていたように、亡くなってから慌ててお坊さんを頼むと高くなるので前もって見積もりを取っておくといいといった話もありますね。もし、もっと費用を抑えたいなら、イオンライフ社がやっている「イオンのお葬式」でシンプルな葬儀で済ませる方法もあります。家族葬で50万円以下、お通夜・告別式を省略すれば20万円を切る価格が設定されています。総合スーパーのイオングループ傘下企業も、エンディングビジネスに取り組んでいるわけです。

それから「よりそう」（株式会社よりそう）。「よりそうお葬式」はネット申し込みでできる葬儀・供養サービスで、「業界最安水準」を謳《うた》い、面会なしの火葬式で10万円かからない安さを売りにしています。葬儀から相続手続きまでをワンストップで提供するサービスも提供しています。

また、「ウェブ葬儀のパイオニア」として、同じく明朗会計で価格を抑えた葬儀・法要を行なっていると宣伝しているのが「小さなお葬式」（株式会社ユニクエスト）です。こちらは葬儀受注件数ナンバーワンを誇り、品質と実績を売りにしています。

図表16 エンディングビジネスは、生前マーケットを合わせると70兆円超のマーケットになり、異業種からの参入が進んでいる

エンディングマーケットの全体像

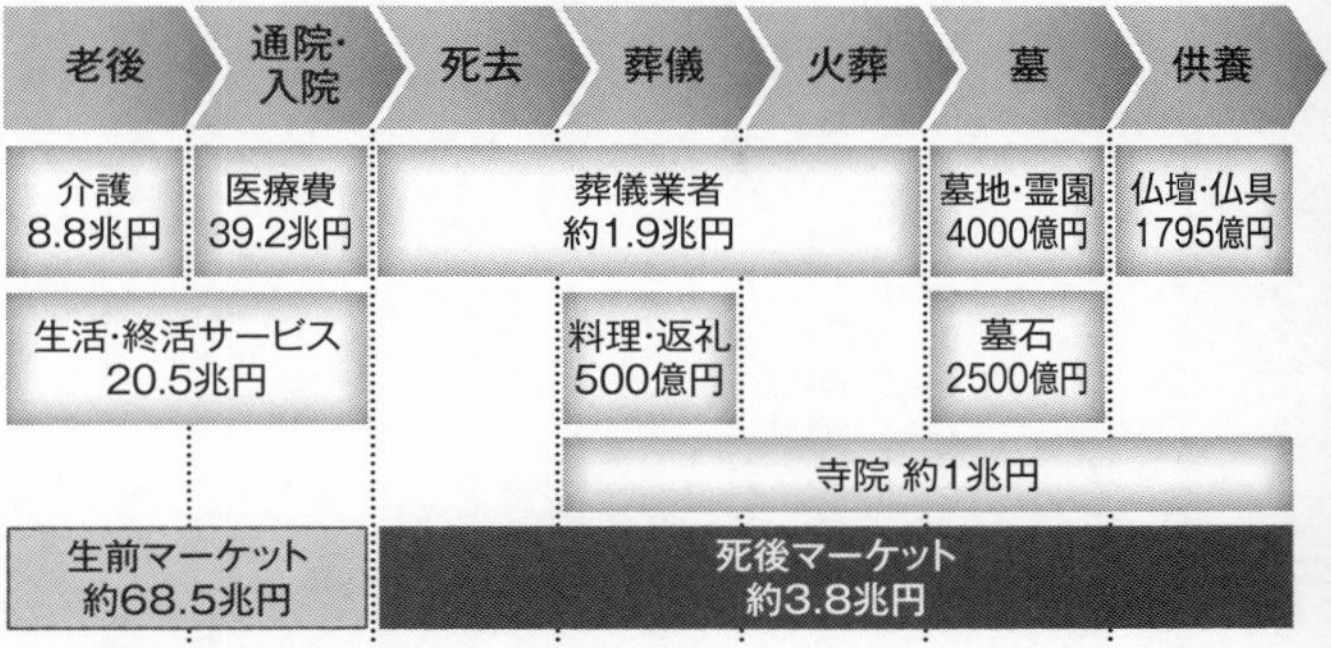

（出所）BBT大学総合研究所作成

主なエンディング関連企業

鎌倉新書	•仏壇仏具業界向け書籍の出版を目的としていたが、全国の葬儀社の検索や葬式マナーや葬儀に関する総合情報サイト「いい葬儀」で拡大。 •そのほか、「いいお墓」や「いい仏壇」などのポータルサイトを運営するWEBサービス事業を主に展開。 •2015年、東証マザーズに上場。
よりそう	•インターネットを介した葬儀・供養サービスを提供。 •葬儀・法要・供養などのライフエンディングサービスを、ワンストップで提供するブランド「よりそう」。 •インターネット経由で僧侶手配を行なうことで故人を供養できるサービス「よりそうお坊さん便」を展開。
LDT （旧ライフエンディングテクノロジーズ）	•葬儀場の開発・運営、葬儀関連のマッチングプラットフォーム運営、葬儀関連のコンサルティングを展開 •オウンドメディア「やさしいお葬式」の運営。 •葬儀顧客管理システム「スマート葬儀」、「スマート葬儀CRM」の提供。
バイセルテクノロジーズ	•着物や貴金属のリユース事業を全国で展開。 •出張買い取りを行なう点が特徴。 •遺品整理や生前整理、自宅整理の目的でサービスを利用するシニア層が多い。

（出所）各社Webサイト

さらに、「やさしいお葬式」を展開しているのがLDT（旧社名：ライフエンディングテクノロジーズ）株式会社です。社名はあまりシニア向けではありませんが、葬儀場の開発・運営や葬儀関連のマッチングプラットフォーム運営、顧客管理システム「スマート葬儀CRM」などを提供しています。

それから「バイセルテクノロジーズ」。これは非常に面白いビジネスを展開している会社で、高齢者の家に行き、あらゆる持ち物の整理をして、リユースできるものを買い取るというサービスです。メルカリのシニア版という感じですが、シニア世代の家の中には〝お宝〟がいっぱいありますから、それを埋もれさせずにお金に換えることができれば、高齢者もその家族もハッピーになれます。

このようなエンディング関連企業は、まだまだ拡大の余地があると思います。

「シニア料金」だけではなかなか動かない

これまで見てきたように、シニアビジネスは巨大な成長産業となるポテンシャルが大きいわけですが、そのニーズをうまく取り込んでいる会社はあまり多くありません。

これは、シニアの実態を把握できていないのではないか、その理解不足から来ているのではないかと私は思います。

ここで大切なことが2つあります。

1つは、儲けることを考えず、シニアに寄り添って、彼らに満足してもらうために何をすべきかを考えること。

もう1つは、シニアビジネスは介護が必要になる時期から始まると考えずに、もっと前の段階——プレシニア——から始まると考えることです。

前者について言えば、シニア限定のサービスをアピールしたり、「シニア料金」を設定したりと、いろいろなことをやっています。しかしながら、それが自分に適用されるのかどうかわからないとか、定年を過ぎても働き続けて忙しいといった事情があるので、ほんの少し割引があっても、なかなか動きません。むしろ、若い人のほうが今はお金がないので、そういった割引や限定サービスには敏感に反応します。

また、国民年金しか受給していないシニアの人は財布に余裕がありませんが、厚生年金をもらっている人は比較的余裕があります。それでも、やはり老後の不安や不満、寂しさなど、いろいろな理由からお金を使うことに前向きになれずにいます。そういった様々な心理的なバリアをどうやって克服し、どのようにシニア世代の信頼を得るか、ということを考えなければなりません。

「プレシニア」市場に「空白地帯」がある

そして、後者の「プレシニア」については、以前『50代からの選択』という本にも書きましたが、50代もシニアビジネスの対象として、どうやったら捕捉できるかを考えるべきです。というのも、人生の後半戦を楽しもうと思ったら、50代ぐらいからやっていないとできないことが多いからです。よく私のところに定年前後の人が「老後は音楽をやりたいんですが、どうしたらいいでしょうか」と相談に来るんですが、それぐらいの年齢ではちょっと遅いんです。

なかには、「大前さんみたいに全国をオートバイで旅したい」という人もいますが、やめてください。60歳を過ぎてからオートバイ免許を取ってツーリングを始めるのは危ないので、やるなら50代以前からやっていただきたい。今は、プレシニア市場に「空白地帯」

があるので、その世代をうまく取り込んで、もっと盛り上げるビジネスがあればいいと思います（図表17参照）。

さらに、60代以降で仕事もでき、自立して動ける「アクティブシニア」のセグメントも非常に大きな市場が見込めるのに、まだ今のところ彼らのニーズを満たすビジネスが提案できていないと感じます。

介護支援を受けているケアシニア、あるいはパッシブシニアと呼ばれるセグメントや、エンディング市場などは今も様々な新サービスが増えているので、そこに至るまでのプレシニアとアクティブシニア向けのビジネスをどう開拓していくかが次のテーマになります。

「プレシニア」「アクティブシニア」へのアプローチ

プレシニアへのアプローチは「人生の後半にどう備えるべきか」ということです。

私が『50代からの選択』という本で書いたのは、50歳までに社長になる見込みがないのであれば、もう会社に籍を置けるのはせいぜい10年から15年。むしろ、それから定年退職した後の人生のほうが長くて20年以上続く可能性があるので、それに備えて「第２の人生」を充実させる準備を進めなさい、ということでした。

そこで提案したいのは、「人生のバランスシート（B／S）」を作成することです。図表18に要点をまとめましたが、預貯金や積み立て型の保険、株・投資信託や自宅の評価額を左側に書き出します。そして、住宅ローンや車のローン、そのほか負債をまとめて右側に書きます。

そこから見えてくるのは、多くの人の場合、「案外余裕がある老後」です。50代でこれが見えていれば、定年後は退職金が入ってきて、ローンの支払いも終わるので、さらに「老後に自由に使えるお金」が見えてくるはずです。それをどう使い、どう活かしていくかを提案するビジネスが求められます。

それから、アクティブシニアについては「寂しさが最大の敵」というところからアプローチしていけばいいと思います。前述したように、日本のシニアは異性も含めて友人が少ないという特徴があります。そこで、たとえば仲良しの友人と行くテーラーメイドの旅行などを提案する。旅行つながりでいえば、パッケージツアーをきっかけにしたり、同窓会やSNSなどを入り口にグループやクラスターを見つけたりして、そこからコミュニケー

図表17 シニアビジネスは介護が始まってからと捉えている⇒葬儀を起点に時間軸を前後に伸ばすと、シニアビジネスには取り込めていない「空白地帯」が広がっている

シニア層の年齢・市場イメージ

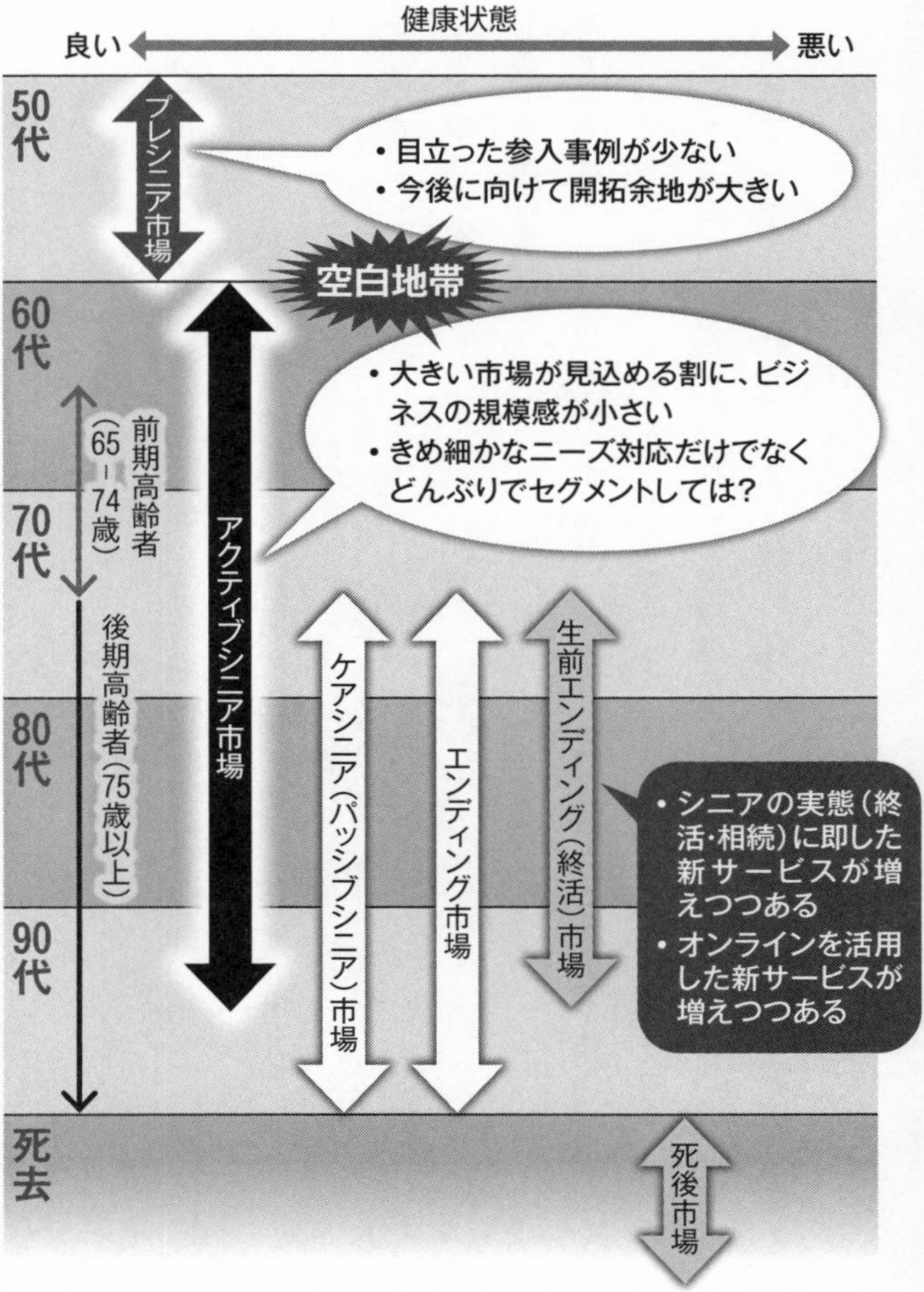

ションを取ると大規模な広告・宣伝をする必要がないんです。そういうふうにすることで、広告・宣伝より中身のほうにお金を使うことができるようになります。

悲しすぎる人生のバランスシート

というわけで、シニアが元気になったら、日本経済が一気に復活します。考え方としては、図表19にあるように、3つのポイントがあります。

1．老後不安をなくす
2．資産からキャッシュを生み出す
3．人生の楽しみ方を教える

2番目の資産からキャッシュを生み出す方法としては、私が以前から著書や雑誌の連載などで何度も主張してきた「リバース・モーゲージ」や「アセット・バックト・セキュリティ（ABS）」といった仕組みを取り入れた金融商品があります。これらの商品は、最近日本でも増えてきています。これについては後ほど詳しく説明しますが、やり方次第で老後をキャッシュリッチにすることは十分に可能です。

図表18 プレシニアには「人生の後半にどう備えるべきか」を提案し、アクティブシニアには「寂しさ」を埋めるアプローチが必要となる

プレシニアへのアプローチ

プレシニアは「人生の後半にどう備えるべきか」

問題		対策
会社にいるのはせいぜいあと10～15年。85歳まで生きたとして定年後は20年も続く	▶	50歳になったら、定年後を見据えて第2の人生を充実させるための準備に入る

案 人生のバランスシート

- 老後不安を解消するために、真っ先に「人生のバランスシート」を作成する。
- 預貯金、積み立て型の保険、株式や信託投資、自宅の時価評価額などの数字を紙の左側に書き出す。
- 住宅ローンの残債分をその他の負債とともに右側に書く。
- おそらく、定年時にはある程度の金融資産を持ち、住宅ローンの支払いが終わっており、退職金も入ってくる。
- 退職後の人生に案外余裕があることがわかる。
- この作業をサポートすることでビジネスにつながっていく。

(出所)集英社『50代からの選択』大前研一

アクティブシニアへのアプローチ

アクティブシニアは「寂しさが最大の敵」

問題		対策
時間がありあまっているシニアは、〝寂しさが最大の敵〟	▶	仲良しの友人と行くテーラーメイドの旅行なら、顧客の満足度も高まってリピーターを増やすことができる

案 海外パッケージツアー

- たとえば、クロアチアのパッケージツアーに25人が参加した場合。
- その旅行中に仲良くなる夫婦同士や女性同士が必ず2～3組はできる。
- その人たちをフェイスブック的にネットワーク化して、次の旅の目的地を3つくらい提案し、みんなで話し合って、自分たちだけの旅行プランを決められる仕組みをつくる。

(出所)【大前研一メソッド】シニア向けビジネスで成功する要諦とは?

3番目はちょっと悲しいですが、日本人というのは、習わないことをやらないんです。私の世代は、せっせと働いて爪に火を灯しながら生活し、余ったお金は全部貯金しなさいと言われて育ったので、お金を使う楽しみ方を教えてもらっていません。使い方を教えてもらわないと使えない——というのが日本人シニアの特徴です。

ということで、繰り返しになりますが、シニアの心理的バリアを取り除く、安心して消費する、という仕組みを作ることが非常に重要なことです。

図表19の下のグラフを見てください。これは悲しすぎます。グラフの上が資産（=貯蓄）で、下が負債です。こんな死に方をしたらいけません。バランスシートというのは、両側同じ大きさでいいんです。だから、日本人の多くは、下（=借金）がなくなったと言って喜んでいるんですが、そうじゃないんです。ローンの支払いが終わって、今ある不動産をもう1回建て替えたら、誰かに貸すこともできます。それなのに、みんな貯蓄を抱え込んだまま手放そうとしません。こんなバランスシートを持って死んでいくのは、世界広しといえども日本人だけです。

図表19 **シニアが元気になれば日本経済が復活する**
=シニアエコノミー(シニア駆動型成長戦略)

シニアが日本経済を明るくする

シニアが元気になれば日本経済が復活する!

- シニア市場を掘り起こしていけば、シニア向けビジネスだけで日本経済を活性化し、日本全体を明るくする起爆剤になる。
- 個人金融資産2000兆円の大半を保有するシニアの資金が市場に流れ込めば、経済効果は莫大。

どうすれば
よいか

考え方/方向性
1 老後不安をなくす
2 資産からキャッシュを生み出す
3 人生の楽しみ方を教える

- アクティブシニアの〝心理的バリア〟を取り除き、安心して消費できる仕組みを作れるかどうかがカギ。
- マーケティングの対象をシニアに絞り、彼らの購買行動と意思決定のプロセスを研究することで、新たな市場はいくらでも開拓できる。
- 「アクティブシニアの満足度」を基点にすると、ビジネスのアイデアは次々に出てくる。

シニア駆動型成長戦略=シニアエコノミー

世帯主の年齢階級別貯蓄・負債現在高(2021年)

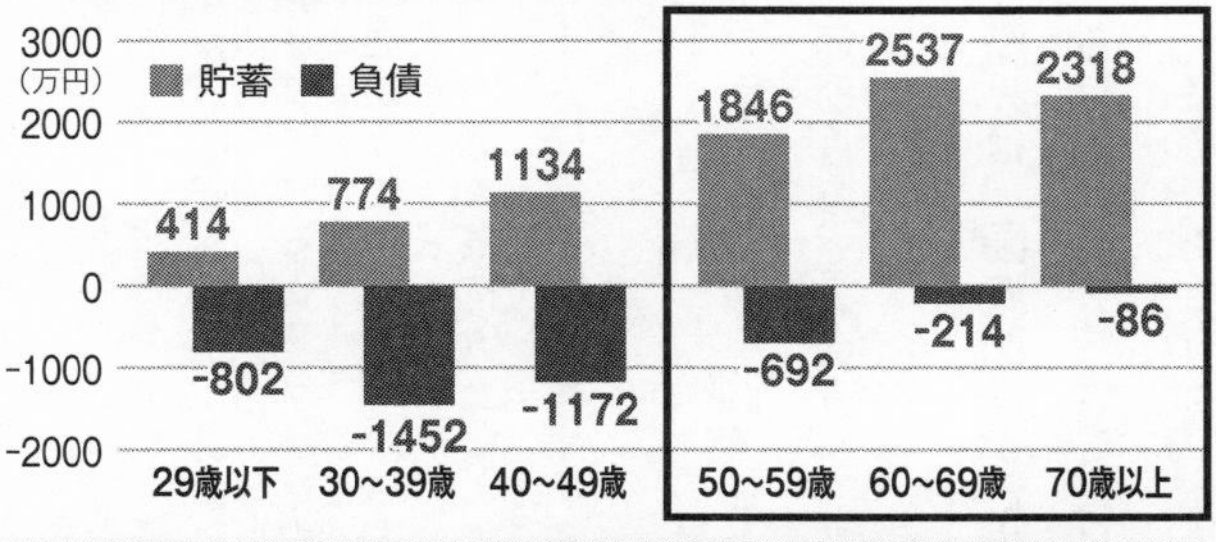

シニアが保有する個人金融資産を市場に回す
=シニアを駆動力とする成長戦略

(出所)PHPビジネス新書『「老後不安不況」を吹き飛ばせ!』大前研一、総務省「家計調査報告(貯蓄・負債編)」よりBBT大学総合研究所作成

キャッシュを生む方法と大前流「税制改正案」

そこで、前述した老後をキャッシュリッチにする方法ですが、図表20の上にあるように、考え方としては、まず高齢者は自分が死ぬまでに必要な金額を算定する必要があります。「いざという時」——たとえば、病気になった場合に保険や補助でどれぐらいカバーできるのか、あるいは老人ホームやサ高住に移り住むとしたらいくらかかるのかといったことを精査して、そのための準備をする。それをやらないまま、ただ漠然とした将来不安から、消費を抑えて貯蓄に回しているという人が多いのです。

終活で残りの必要額がわかったら、それを差し引いて浮いたお金を消費に回すことができます。その際に、預貯金をはじめ、生命保険、株や債券、不動産など自分が持っている資産をすべて把握して、それを活用する方法を考えます。

その一例が、前述したリバース・モーゲージです。その仕組みは、図表20にまとめましたが、要するに持ち家を担保としてお金を借りて、生きている間は利息分だけを毎月返済し、亡くなったらその持ち家を売却して元金を返済するというものです（返済方法にはい

図表20 保有資産からキャッシュを生む方法もある──「リバース・モーゲージ」という考え方

安心して残りの人生を楽しむ場合の消費増加イメージ

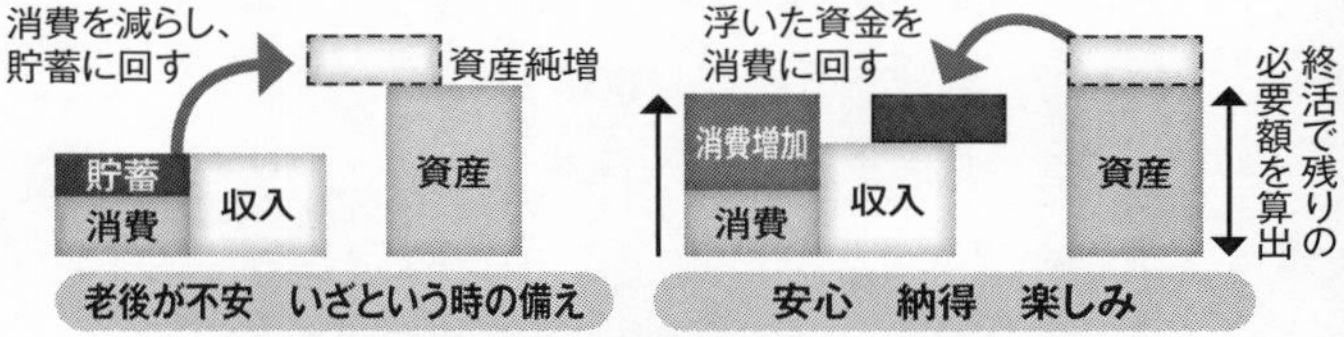

高齢者は「死ぬまでに必要な金額」を差し引いた残りの資金を、心置きなく使えるようになる

リバース・モーゲージの仕組み

持ち家を担保としてお金を借りて、生きている間は利息分だけを返済。契約者が亡くなったら、持ち家を売却して元金を返済する（返済方法にはいくつかタイプがあります）。

「リ・バース60」返済方法（イメージ）

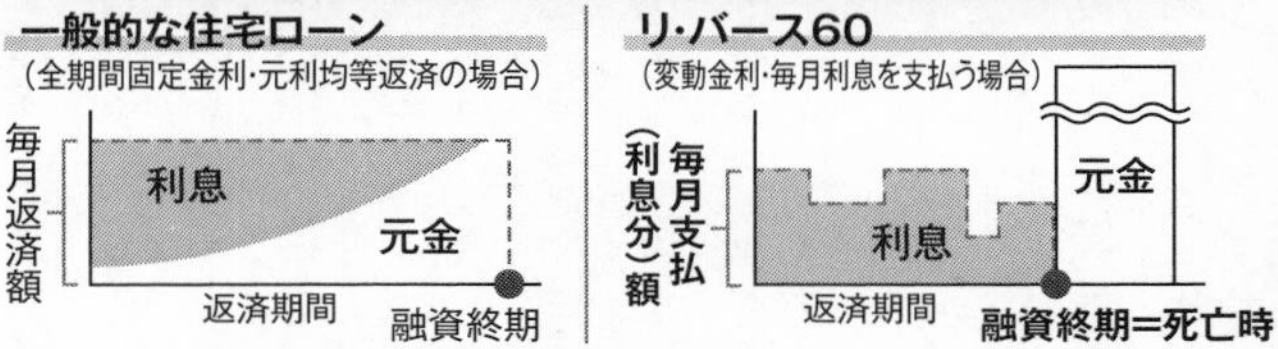

（注）変動金利の場合は、金利が見直されると毎月の返済額または支払額が変わります。

返済額の試算（みずほリ・バース60の例）

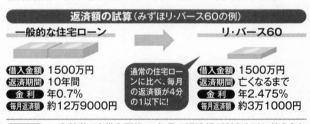

一般的な住宅ローン		リ・バース60	
借入金額	1500万円	借入金額	1500万円
返済期間	10年間	返済期間	亡くなるまで
金利	年0.7%	金利	年2.475%
毎月返済額	約12万9000円	毎月返済額	約3万1000円

通常の住宅ローンに比べ、毎月の返済額が4分の1以下に！

メリット ●高齢者でも借入可能 ●毎月の返済額が利息だけに抑えられる ●リ・バース60「ノンリコース型」なら相続人の負担が発生しない（ただし使途は住宅関連費用のみ）

デメリット ●毎月の返済では元金が減らないため、長生きするほど返済総額が増える ●担保にした不動産評価額が下がった場合、相続人に負担が残る可能性がある

（参考）住宅金融支援機構、みずほ銀行各社ホームページ

くつかタイプがあります）。これは、長生きすればするほど返済総額が増えるデメリットがありますが、亡くなるまで自宅に住み続けられる上、月ごとの返済額が抑えられるため、家計のやりくりが楽になるメリットがあります。

一般的なリバース・モーゲージは、資金の使い道は自由で、当座の生活費や医療費などに使えますが、亡くなった際に相続人が債務を返済しなくてもいい「ノンリコース型」の選択が難しいなどのデメリットがあります。その点、リバース・モーゲージ型住宅ローン「リ・バース60」は、ノンリコース型を選択することができますが、資金使途は自宅の建て替えやリフォームなど、住宅関連費用に限られます。そのほか、いったん持ち家を売却して代金を受け取り、同じ家に住み続けたまま賃貸借契約を結んで家賃（リース料）を支払う「リースバック」という方法もあります。

また、アセット・バックト・セキュリティについても改めて説明すると、これまで所有していた自宅を建て替え、その建て替えた新築物件の将来の賃貸収入（キャッシュフロー）を担保にしてお金を借りる、という仕組みです。これは、個人に対する信用ではなく、物件の信用力に対してお金を貸すもので、このスキームを用いれば、個人で借金を背負わずに資金を調達することができます。この手法は、アメリカやドイツでは一般的になっており、日本でも一部の銀行で扱っています。

さらに、日本のシニアが保有する1200兆円の金融資産を心置きなく使ってもらうための大前流「税制改正案」を提案したいと思います。それをまとめたのが、図表21です。

これらが何を目的としているかというと、シニア世代を心理的に安心させて、持っているものは自分が生きている間にきれいさっぱり使い果たせばいい、という考え方に持っていくことです。中途半端に3000万円の遺産を残したら、相続を巡ってトラブルが起きるだけです。

シニアを対象とした新事業を考える①

ということで、大前流のシニアビジネスの発想法をまとめます。

まず、幽霊別荘の大規模改修／運営。これは、私が何度も提唱してきたものの、なかなか拡大しないのですが、熱海、那須、軽井沢、蓼科《たてしな》、伊豆高原などで放置されている別荘を生まれ変わらせるビジネスです。別荘が最も売れたのは40年以上前の1980年代ですが、その所有者の多くは今や高齢化しています。

そこで、海外の別荘地のように、マネジメント会社が管理からメンテナンスまで全部やれば、新たなビジネスになります。

あるいは、シニアアクティビティをコーディネートするビジネス。釣り、ハイキング、クルージングなど、旅行先で1回だけやってみるというレベルではなく、サークルのように継続的な活動ができるように誘導するイメージです。日本の高齢者は犬の散歩や蘭の栽培、ウォーキングといったささやかな趣味や活動にとどまっていることが多いのですが、たとえば釣りであれば、オーストラリアのグレートバリアリーフでカジキを狙うとか、アラスカへサーモンを釣りに行くとか、欧米のシニアはサークル活動として数年分のそういう計画を立て、みんなで長期バケーションを取ってやっています。こうしたビジネスは動くお金も大きくなります。

それから、資産の共同運用。個別にやっていると、なかなか企業研究や最新の情報をつかみづらいですが、グループで専門家を呼んで勉強することで、資産を増やすことに寄与します。それだけでなく、グループの資産はメンバーが亡くなってもグループに引き継が

図表21 資産を持って死んでいく高齢者を対象にいかに「老後不安を取り除くか」を考えるべき

大前流「税制改正案」

1	老後の備え、保険などの経費化
2	家政婦（夫）、看護師などの経費化
3	不動産のキャピタルゲイン税を保有年数によらず一律20%にする
4	銀行預金の金利課税廃止
5	資産運用益への課税廃止
6	郷里や特定自治体への寄付は収入から控除する（不足分あれば複数年度に適用）
7	国、自治体、NPO、NGOなどへの寄付は寄付額の10倍を相続税対象から除く
8	国家への貢献者顕彰制度をつくる ・50歳までの総納税額が1億円を超えたら生涯所得税をゼロにする ・60歳までに2億円を超えたら生涯所得税をゼロにする ・70歳までで3億円を超えたら生涯所得税をゼロにする

（出所）大前研一

れ、最終的に最後の1人が亡くなる時にはゼロになる、という規約を実行すべく、活動ユニットを運営していくことになります。

リバース・モーゲージ型生命保険も有効な事業の1つです。先ほど住宅を担保にした金融商品を紹介しましたが、持ち家を抵当に入れる代わりに、遺言で金融機関を受取人として生命保険を抵当にして、キャッシュを借ります。この生命保険に加入すれば、生活を切り詰めて貯金する必要がなくなり、安心して買いたいものを買うことができます。こういうことをすると、シニアの消費が非常に活発になります。つまり、GDPも大きく伸びるということです。

シニアを対象とした新事業を考える②

さらに、シニア単身世帯や「おひとりさま」を対象としたマッチングサービス。とくに私が昔から提案しているのは、シニアと若者とのシェアハウスです。先ほど述べたアメリカの「Papa」のように、資産があるけど1人暮らしが心配なシニアと、できるだけ生活費を抑えたい「孫」世代の若者たちを引き合わせます。あるいは、子育て真っ最中で働き盛りの共稼ぎの夫婦と、子育てが終わって子供が独立したシニア世代をマッチングする。そのようにしてお互いに補い合える関係になれば、一石二鳥にも一石三鳥にもなります。

それから生前葬。これもまた私が昔から提案しているビジネスですが、学生アルバイトにシニアの家に溜まっている写真を整理・デジタル化してもらう。また、若い人にシニアをインタビューしてもらい、自分の人生を日経新聞の「私の履歴書」みたいにまとめてもらう。そして、DVDに写真と文章を収録し、生前葬をして配るといいと思います。そうすると、若い人たちも単にアルバイト代を稼ぐだけでなく、2世代・3世代前のシニアから人生の話を聞く過程で戦前・戦中の体験談を知ることができて有意義だと思います。

生前に、自分の死去を知らせる人のリストを作っておけば、いざという時に慌てることもありません。通夜・告別式はリアルでもサイバー参加でもOKとして、四十九日や一周忌にも活用できます。七回忌までやるとして、その費用は全部、生命保険から出すようにすればいいんです。そうすると、本人は生きている時にキャッシュで支払う必要がありません。生命保険は誰のためにあるかといえば、かけた本人が使い道を指定するのが一番いいと思います。

最後は、パッシブシニアタウン。これは、先ほど述べた日本国内のアクティブシニアタウンではなくて、たとえばタイのチェンマイなどにある高齢者のための介護施設です。すでにドイツやスイス、スウェーデンなどから移住した人たちが利用していますが、年金の範囲内で入居者をケアしてくれます。若い介護士が8時間交代・24時間体制で付き添ってくれて、食事やトイレ、入浴の補助もしてくれます。

私のおすすめは、ホスピタリティの高いインドネシアとタイです。そういうところで、日本の自治体も協力して医療スタッフの専門家を派遣しつつ、日本人の高齢者を受け入れてくれる施設を作れば、大きなビジネスになると思います。

言葉の問題があると思うかもしれませんが、私が視察したチェンマイのパッシブシニアタウンを見る限り、基本的に言葉による厳密なコミュニケーションが求められるのは病気になってその症状を説明する必要が出てきた時だけです。なので、そこは日本語のできる医療スタッフに助けてもらって、それ以外の食事やトイレ、入浴、リハビリなどは十分に意思の疎通ができると思います。

日本国内の施設では1人の介護士が4人の高齢者の面倒を見るような時代になっていま

すが、海外の施設では3人の介護士が1人の高齢者を世話することができます。これからは、そういう事業を考えなければなりません。

日本のシニアへの提言

以上が、私が考えるシニアエコノミーというものです。

最後に、私から日本のシニアに実行してほしいこととして、4つの提言をしたいと思います。

1. 死ぬ時はゼロでいい
2. 死ぬ瞬間に「ああ、いい人生だった」と思い残すことのない言葉を発せるような生き方をしよう！
3. 余るものがあったら、国の借金返済のために半分は寄付しよう！
4. この素晴らしい国が永続するようにできることは何でも協力しよう！

私の友人・知人の中にも、「自分が働いて稼いだ収入の半分を税金で国に持っていかれるのは嫌だ」という理由で、ニュージーランドやシンガポール、香港などに移住した実業家や資産家がけっこういます。もし税金で半分支払ったとしても、まだ使い切れないほどの資産があるのに、日本を離れて遠い異国で寂しく暮らしている人も少なくありません。

それだったら、とにかく死ぬ時はゼロでいいから、それまでは自分らしく生きて人生を謳歌《おうか》する。前述した大前流「税制改正案」で提案したように、たとえば「資産の10％を寄付したら、その10倍を相続税の対象から除く」という税制を導入したら、それだけで多くの資産家が寄付を申し出ると思います。そして、それで浮いた資産が、市場に出てきます。

私が言いたいのは、この国は巨大な〝地下資源〟——我々は、冒頭で述べたようにサウジアラビアの莫大な石油資源を羨ましがる必要が全くない2000兆円もの個人金融資産という資源を持っているにもかかわらず、それを活用しないまま自滅していっている、ということです。そういうもったいない生き方をするのはやめて、経済を回していくべきなのです。

これが、日本経済を元気にする私の考えであり、現実味があります。なにしろ、そこに財源があるんですから、すぐにでも取り組んでほしいと思います。

（2022年6月の向研会セミナーより抜粋・再構成。なお、一部に2022年4月の同セミナー「デジタルで変容するヘルスケアと日本の課題」の内容を加筆）


以上が、「シニアエコノミー」についての基調報告というべき概要である。

ここからは、過去の連載記事をベースとして、さらに具体的なテーマ・論点に沿って解説していくことにする。資料やデータなどがセミナーの内容と一部重複しているところもあるが、改めて問題を整理する意味もあるので、ご理解いただきたい。

検証　あまりに不毛な「資産所得倍増」&「デジタル田園都市」構想

たった2文字で庶民を蚊帳の外にした「イカサマ」

2022年夏の参議院議員選挙は、自民党が改選単独過半数を獲得して「大勝」という結果になった。背景には、選挙期間中に安倍晋三元首相銃撃事件が起きて自民党に同情票が集まったことや、野党の候補者一本化が進まなかったことが挙げられた。

予想以上の追い風を受けた自民党政権は、岸田首相が衆議院を解散しなければ、2025年秋まで国政選挙がない〝黄金の3年間〟が訪れる――とも評された。しかし、私は当初からそうした根拠のない見通しを信じていなかった。岸田首相が標榜する「成長と分配の好循環」「新しい資本主義」なるものは意味不明で、むしろ「借金と衰退の悪循環」をもたらす「新しい社会主義」だと見ていたからだ（拙著『経済参謀』参照）。

実際、岸田首相が自民党総裁選の際に公約として掲げた目玉政策の「令和版　所得倍増計画」は実現不可能と気づいたらしく早々とお蔵入りし、2022年6月に決定した「骨太の方針（経済財政運営と改革の基本方針）２０２２」では「資産所得倍増プラン」にすり替わった。個人金融資産２０００兆円の半分超が預金・現金で保有されているため、それを「貯蓄から投資」にシフトさせることが目的だという。

だが、「所得倍増」と「資産所得倍増」は「資産」の2文字が入ることで全く意味が違ってくる。「所得」は給与所得、事業所得、利子所得、株や投資信託の配当所得、不動産（賃貸料）所得などだが、「資産所得」に給与所得や事業所得は含まれない。つまり、預貯金や株、不動産などを持っていない庶民は「資産所得倍増プラン」の蚊帳の外なのだ。「所得倍増」から「資産所得倍増」へのすり替えは、イカサマに等しいのである。

「デジタル推進委員」「デジデン甲子園」はどうなったのか

もう1つの岸田首相肝煎《きもい》りの目玉政策が「デジタル田園都市国家構想」だ。内閣官房のHPによると「地方からデジタルの実装を進め、新たな変革の波を起こし、地方と都市の差を縮めていくことで、世界とつながる」のが目的だという。

そして、この構想を実現するためにボランティアの「デジタル推進委員」を２０２２年度中に2万人以上確保する方針を打ち出し、まず青年経済団体や全国にショップを展開する携帯電話事業者を中心に募集を開始した。推進委員の役目は、デジタルに不慣れな高齢者らにスマートフォンの基本操作、インターネットやSNSの使い方、マイナンバーカードの申請方法などを教えたり、サポートしたりすることだそうだが、果たしてどれほど効果があるのか、甚《はなは》だ疑問である。ファイナンシャルプランナーを騙《かた》ってコロナ給付金を詐取しようと考えるような輩《やから》が、老人を騙しやすくなると喜ぶだけだろう。

また、政府は2022年夏に、「Dig.i田（デジデン）甲子園」を開催。「デジタル田園都市国家構想」実現に向けた動きを全国で加速させるため、構想に関する地域や企業の取り組みのうち、とくに優れたものを表彰するという触れ込みだったが、そんなイベントに効果があるとは思えなかった。実際、これらはその後、話題にすらなっていない。

そもそも「デジタル田園都市国家構想」はコンセプトが理解不能だ。地方でもWi-Fiや5G（第5世代移動通信システム）などのデジタルインフラを整備するのは当たり前のことだが、それで地方と都市の差が縮まった例は、私が知る限り、世界中で見たことがない。どこの国でも人や企業は大都市に集中し、地方で栄えているところは地方であるがゆえに栄えている。

たとえば、フランスのマルセイユにデジタル化を加速しようという動きはない。昔のままの古い街並みや港湾都市の美しい景色、この街発祥の名物料理ブイヤベースなどを求めて大勢の観光客がやってくるからだ。

あるいは、アメリカの場合、ノマドワーカー（ノートパソコンやスマホ、タブレット端末などを使ってオフィス以外の様々な場所で仕事をする人）はデジタルがどうのこうのではなく、地方のゆったりした生活や豊かな自然などを求めて大都市から移動している。サンベルトへは、北東部の寒いスノーベルトで仕事をしていた人たちが、温暖な土地でリタイア後のセカンドライフを過ごすために移り住んでいる。最近はテキサス州に移住する人が増えているが、その理由は所得税・法人税がゼロな上に住宅も安く、通勤に長時間かかることもないからだ。

つまり、人々はデジタルではなく、「街並み」「食」「ライフスタイル」「気候」「税金」「住環境」「通勤時間」といったアナログの条件によって動くわけで、「デジタル田園都市国家構想」を標榜する人は人間の心理や経済の構造が全くわかっていないと思う。

言葉遊びや思いつきの政策ばかり

また、すでにスマホやインターネットはよほどの僻地《へきち》でない限り利用できるのだから、地方の高齢者にそれらの使い方を教えたところで、〝新たな変革の波〟など起きるわけがない。そもそも高齢者でも、孫の動画や写真を見るためにスマホやタブレットを活用している人は少なくない。初心者も簡単に扱える機器やシステムにして、それを活用するモチベーションを与えれば、彼らをデジタル化するのは決して難しくない。デジタル推進委員も不要だ。

要するに、この構想は担当大臣まで任命して成果が全く出ていない「地方創生」に、デジタルをくっつけて看板を掛け替えただけなのである。しかし根本的な問題として、中央集権のままでは地方創生は不可能だ。かねて私が提唱している通り、憲法第8章を改正して地方自治体に「立法権」「行政権」「司法権」のかなりの部分を移譲しなければ、地方が繁栄することはない。たとえばテキサス州のように地方自治体が所得税や法人税をゼロにできたら、日本も大きく変わるだろう。

もともと「デジタル田園都市国家構想」は、岸田首相と同じ「宏池会」の大平正芳首相が提唱した「田園都市構想」を下敷きにしている。同構想は、都市の活力と地方のゆとりを結合して均衡《きんこう》がとれた多彩な国土の形成を目指すものだったが、高速交通網がほぼ全国に整備された今も大都市と地方の格差は拡大している。

また、「令和版　所得倍増計画」も、1960年に「宏池会」の池田勇人内閣が発表した「国民所得倍増計画」をもじったものだ。当時は高度成長期の真っただ中だったので、GNP（国民総生産）を10年間で2倍にするという目標は軽々とクリアされた。しかし、低成長時代の今は「所得倍増」はもとより「資産所得倍増」もリアリティがない。

つまり「デジタル田園都市国家構想」も「資産所得倍増プラン」も派閥の大先輩の政策の〝パクリ（二番煎《せん》じ）〟であり、まずキャッチコピーありきだから中身が後付けでスカスカなのだ。そんな言葉遊びの思いつき政策が首相肝煎りの目玉政策というのは、300%間違っている。

アベノミクスにより10年間の平均で実質GDP2%成長を、と言って10年経っても実現できなかった自民党の伝統よろしく、岸田首相の〝黄金の3年間〟は、無為無策のジリ貧日本となることがほぼ確実な情勢だ。

看板だけ掛け替えて、予算を注ぎ込むことには熱心だが、結局「大山鳴動して鼠《ねずみ》一匹」という結末を迎える——。そんなことを繰り返しながら、徐々に衰えていくのが令和日本の実相なのである。

提言 今こそ旅行へと誘う「構想力」あるプロデューサーが必要だ

「GoTo」「全国旅行支援」は愚策

インバウンド（訪日外国人旅行）が急回復している。

日本政府観光局（JNTO）の推計によると、2023年7月のインバウンド客数は約232万人で、新型コロナウイルス感染症の拡大によりインバウンド客数が大幅に減少した2020年2月以降、初めて200万人を突破した6月に続く大幅増だった。

また、同年1～6月までの累計は1071万2000人となり、上半期で1000万人を超えたという。そのうち国別の1位は韓国（312万8500人）、2位は台湾（177万6000人）、3位はアメリカ（97万2200人）だ。同年3月からは海外クルーズ船も日本各地の港に続々と来航している。

新型コロナが完全に収束していない中国は、長らく日本への団体旅行が禁止されていたが、2023年8月に突如解禁となった。今後、中国人観光客が戻れば、インバウンドが過去最多だった2019年の年間3188万人を超えるのは時間の問題だと思う。

一方、これまで私は著書や雑誌連載などで、国内観光旅行の需要喚起策「GoToキャンペーン」「全国旅行支援」を愚かでお粗末な政策と批判してきた。その理由は2つある。まず、「利用する人・利用できる人」と「利用しない人・利用できない人」の間に不公平が生じることだ。

観光庁は「全国旅行支援」を2023年4月以降も継続することを明らかにしたが、ニッセイ基礎研究所の調査では、前年末までに「全国旅行支援」を利用した人は21・1%でしかなく、利用していない人は64・2%に達した。利用していない理由のトップは「経済的な余裕がないから」で、就学児がいる子育て世帯では学校生活とスケジュールが合わないことを挙げた人も多かった。

「補助金漬け」の弊害が露わに

「ＧｏＴｏキャンペーン」「全国旅行支援」を愚策と批判したもう１つの理由は、割安料金で旅行した人たちは同様のパック商品や同じホテルを正規料金で利用することに二の足を踏む可能性が高いことだ。しかも、事業者は補助金頼みになり、基礎的な経営力を失ってしまう。キャンペーン期間が終わったら、元の木阿弥《もくあみ》どころか観光・旅行業界に悪影響を及ぼすのである。

実際、本格的な需要回復前に観光・旅行業界は疲弊している。たとえば、東京商工リサーチによると、２０２２年は無利子・無担保融資（ゼロ・ゼロ融資）や債務返済猶予《ゆうよ》の特例措置、雇用調整助成金などの支援策があったにもかかわらず、旅行業の倒産が18件あった。また、すでに宿泊業は人手不足になっている。新型コロナ禍で離職した働き手が戻ってきていないからだ。

本来、新型コロナ禍でインバウンド客が消えていた3年間は、時代遅れになっている日本の観光・旅行業界を本質的に改革するまたとないチャンスだった。新型コロナ収束後に備えて各地の名所や観光地を整備し、雇用のあり方や従業員の働き方を含めて経営を近代化・効率化すべきだった。

しかし、政府が補助金漬けにしたため、業界の体質改善は全く進んでいない。これからインバウンド客が増加すると、外国人旅行者に人気の高いエリアでは再び新型コロナ禍前のようなオーバーツーリズム（キャパシティ以上の観光客が押し寄せること）状態になり、宿泊業の人手不足はいっそう深刻化するだろう。

雇用を生む好循環を起こせ

では、観光・旅行業界は具体的にどう改革すればよいのか？　好例は2010年バンクーバー冬季五輪の主会場になったカナダの山岳リゾート、ウィスラーだ。

スキー場は、夕方に客が山の下へ降りてきて宿泊しなければ、地元の町が栄えない。ウィスラーは麓《ふもと》の町にホテルやロッジ、レストラン、カフェ、クラブ・ディスコ、アパレルショップなどが200以上も軒を連ね、毎夜にぎわっている。

一方、日本のスキー場の場合、斑尾《まだらお》高原、志賀高原、野沢温泉など大半はホテルが麓の町より上にあるため、天気が悪いと夜は誰も下へ降りてこない。だから駅前は閑古鳥が鳴いている。

また、いま世界のスキー場は少数の会社が牛耳っていくつものスキー場を一緒に運営し、"規模の経済"で儲けている。たとえば、最大手「Vail Resorts《ベイル リゾーツ》」のシーズンパスは、ウィスラー、アメリカのベイル、日本の白馬《はくば》バレーやルスツリゾート、オーストラリアのペリッシャーなどで共通利用できる。しかし、日本のスキー場の多くはリフトごとに所有者が異なるため、そのような"規模の経済"による利便性は提供できない。

私の友人の廣瀬《ひろせ》光雄さんが設立したゴルフ場運営会社ＰＧＭ（パシフィックゴルフマネージメント）は、国内の赤字ゴルフ場を１４０か所以上買収し、それを一括運営することで経営の効率化と大幅なコスト削減、サービス向上を実現して黒字化に成功した。スキー場もそれと同じで、たくさん束ねて運営すれば経営の効率化とコスト削減が可能になり、サービスも向上させて顧客満足度を高めることができるのだ。

私は長野・飯山と新潟・越後湯沢で海外の事例を参考にしたスキー場の一体化再建構想

を提案しているが、地元の首長や関係者は経営の近代化・効率化による雇用の減少などを不安視して動こうとしない。だが、経営を近代化・効率化して利便性と顧客満足度を高めれば、より多くの観光客を呼ぶことができ、結果的に雇用が増えて地元が繁栄するという好循環が生まれる。

もともと日本は観光資源が豊富である。私は休日・休暇のたびにオートバイや車であちこち旅しているが、美しい景色や美味しい店が全国各地に山ほどある。

問題は、それらの観光資源を持っている町や地域に、観光客を呼び込むための「構想力」があるかどうかだ。その点で注目されているのが、『スキー場は夏に儲けろ!』(東洋経済新報社)の著者・和田寛《ゆたか》氏が実践した改革である。和田氏は、スキー客が激減して衰退する一方だった白馬岩岳《いわたけ》を数々の斬新なアイデアで四季を通じて楽しめる山岳リゾートに転換し、来場者を大々的に増やしたのである。

白馬岩岳と同様に「隠れた資産」「埋もれている宝物」を持っている観光地は非常に多い。それを掘り出して活用するプロデューサー的なリーダーが必要なのだ。政府はバラ撒き策を続けるより、そうした構想を実行できる「人材」を支援すべきだろう。

メインターゲットは「懐に余裕のある人」

こうした旅行需要においても、メインターゲットにすべきは〝懐に余裕のあるセグメント〟、すなわち「シニア」だろう。いかに60歳以上の人たちの趣味や嗜好を反映しつつ、彼らが満足してくれる旅行を構想できるかが、大きなポイントになると思われる。

もともとシニア層の間では登山が人気で、全国各地の山を中高年が訪れている。誰でもいつでも気軽に行って自然を楽しめるからだろうが、その新しい楽しみ方を提案することができれば、まだまだ市場は大きくなると思う。

さらには、海を楽しむ旅行の提案ができれば、もっといいだろう。これは、私が昔から著書などで提言していることだが、島国・日本の海岸線は約3万5000kmに達し、そこには世界最多の約3000もの漁港がある。それらの漁港を活用し、人々を船遊びや釣りなどのマリンレジャーに連れ出すことだ。

実際、欧米では多くの港が開放され、高齢者が子供や孫たちと一緒にマリンレジャーを楽しんでいる。たとえばノルウェーの場合はほぼ一家に1隻、船がある。ギリシャやクロアチアでは、すべての港がどこの国の誰の船でも無料で自由に停泊できる。カリブ海やメキシコのバハ・カリフォルニアの港はアメリカのレジャーボートで埋め尽くされている。

そういったインフラを整備しつつ、シニア向けにアレンジされた食事や宿泊施設などを提供すれば、十分ビジネスになるのではないだろうか。

第2章 ［マスからパーソナルへの転換］

「ソロ社会」日本の未来予想図

超高齢社会×ソロ社会＝日本

新型コロナウイルス禍は、２０２３年５月に「５類感染症」に移行してからも、いまだに収束しておらず、国内消費はコロナ禍以前の消費支出水準を依然として下回っている。

これまでの長期にわたる構造的変化に加え、コロナ禍による変化の影響を受けて、新しい生活者像が浮かび上がってきた。この変化に対応できなければ、いつまで経っても消費は回復しないだろう。

「昭和」から「平成」、そして「令和」にかけて、〝家族のカタチ〟の多様化が進み、今や単身世帯が最も多い世帯となっている。未婚化・晩婚化が進み、独身者が増えている一方で、高齢になってからの１人暮らしも年々増加している。単身世帯の３割以上が高齢世帯であり、高齢世帯ほど一戸建ての持ち家率が高いという皮肉な統計もある。

そうした変化の中で、企業には「ソロ社会」時代に対応したビジネス展開が求められる。コロナ禍による行動制限や人間関係の疲れなどにより、積極的に１人の時間を楽しむための〝ソロ活〟が注目されている。生活者１人ごとに異なるニーズを取り込むためには、

AIやスマホなどのデータ活用による「パーソナライズ」がカギとなる。階級や階層による「セグメンテーション」よりも、個人にどれほど寄り添えるかが問われている。

ソロ＝単身者はどんなサービスを求めているのか？

「パーソナライズ」することで何が見えてくるのか？

「おひとりさま」ビジネスはどこまで進化するのか？

超高齢社会×ソロ社会＝日本が目指すべき未来予想図を展望する。

基調セミナー　ソロ社会時代の新たな生活者像

「ポイントキャスティング」の時代

今回のテーマは、英語で説明すると、非常にわかりやすいと思います。まず「全国の皆様」というふうに呼びかける放送は「ブロードキャスティング」と言いますね。

それに対して、ターゲットが非常に絞られている時、たとえば日比谷や渋谷の映画館周辺を歩いている人たちに向けて、映画や舞台の宣伝を流すというような広告・販促手法は「ナローキャスティング」と言います。

さらに、今ではGPSが付いたスマホで、いつでもEコマース（EC）でショッピングが可能です。注文を受ける企業側は、スマホの所有者が欲しいものや関心事などもわかるので、「田中太郎さん、あなたにぴったりのものがあります」というように働きかけることもできます。これが「ポイントキャスティング」です。

ですから、ブロードキャスティングからナローキャスティングまで来て、それから15〜20年ぐらい経って、今やポイントキャスティングの時代になっています。これは、中国のアリババやテンセント、バイドゥなどで一気に進展しましたが、今では全世界で同じように個人に特定した広告・宣伝活動が行なえるようになったということです。

ここを、いかにうまく掘り起こしていくかということが非常に重要になっています。

ポスト・コロナの「新しい生活者像」とは

そうした中で、家族構成で言うと「ソロ」——1世帯に1人しか住んでいない単身世帯が今や38％を超えて、あと数年で40％に達するという状況になっています。これはこれまでの日本の歴史にはなかったことです。つまり、家が10軒あったら、そのうちの４軒は１人で生活していることになります。これはいろいろな事業チャンスであると同時に、社会的・国民的な問題でもあります。

新型コロナ禍は、それをさらに加速したところがあります。長い目で見ると、20世紀の終わりから２０２０年代にかけて、構造的にソロ社会が進展していますが、その変化とともに、コロナ禍の影響によって行動制限がかかったり、人混みを避けるようになったりして、人々の行動や立ち居振る舞いが変わってきたように思います。そして、その中から新しい生活者像・消費者像が浮かび上がってきているため、企業はそれに対応していくことが求められています。

新しい生活者像・消費者像をもう少し具体的に言うと、まず構造的な変化としては、人口動態から見えてくる前述の単身世帯化と未婚化が特徴的です。それからＤＸが進んで、ＥコマースやＤ２Ｃ（Direct to Consumer／中間流通業者を通さずに、自社のＥＣサイトを通じて製品を顧客に直接販売すること）で企業が直接消費者やユーザーとつながるようになってきています。そして、パーソナライズできめ細やかなサービスを提供する一方、地球温暖化の問題に対して、企業は責任ある行動を求められるということで、ＳＤＧｓ（持続可能な開発目標）やサステナビリティ（持続可能性）にも積極的に取り組む必要があります。

それから、新型コロナ禍による変化ということでは、消費価値観の変化が挙げられます。それは、健康志向、安全志向、信頼といったものに重きを置くようになっています。また、ライフスタイルの変化という意味では、「おうち時間」が増えたことや、デジタルライフが増えているという特徴があります。

浮かび上がってくる新しい生活者像・消費者像。これを今回は詳しく説明するので、ぜひご自分の事業を見直す契機にしていただきたいと思います。

20年単位で見る「家族」の変化

まず、日本にとって最も大切な大きな変化というのは、20年ごとに見ると非常にわかりやすいと思います（図表22参照）。

１９８０（昭和55）年、２０００（平成12）年、２０２０（令和２）年という３つの年

図表22 昭和から令和にかけて〝家族の形〟の多様化が進み、今や単身世帯が最多となった

世帯の家族類型別 構成割合の推移

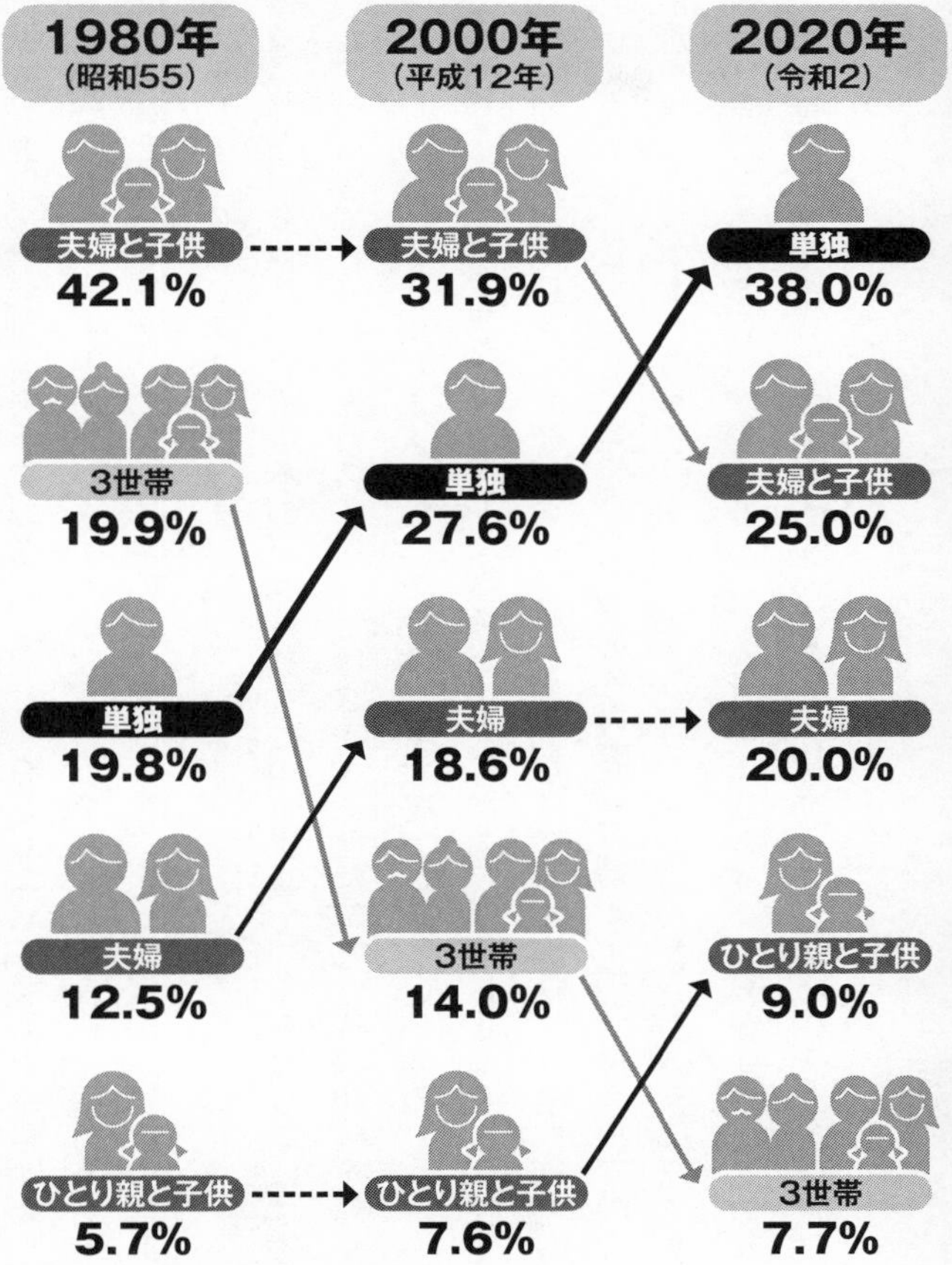

(出所)内閣府 男女共同参画局「男女共同参画白書 令和4年版」

代で世帯の家族類型別の構成割合を見てみると、実は１９８０年は「夫婦と子供」という典型的な家族世帯が42・１％を占めています。この家族の１週間分の食料を買おうとすれば、スーパーに車で行ってトランク一杯買って帰るという感じですね。これが２０００年には32％弱、そして２０２０年には25％まで減っています。

その一方で、ひたすら伸びてきているのが「単独」という世帯で、１９８０年には20％を切っていたのが、今では38％で最も多くなっています。あと数年すれば、40％を超えるでしょう。つまり、全体の４割が１人で住んでいる単身世帯ということですね。

また、「夫婦」だけという世帯は微増して20％。それに対し、以前はよく３世代住宅や２世帯住宅のＣＭが流れていましたが、今は３世代が同居する世帯は７・７％しかありません。おじいちゃんおばあちゃんの世代と、次の代の若い夫婦とその子供（孫）の３世代・２世帯が一緒に暮らすための家というニーズは、もうほとんどないという状況です。

このように20年ごとに見ると、非常に変わってきていることがわかりますが、この変化の中でも、単身世帯が増え続けて今や最も多い４割を占めているということが大きな注目点だと思います。

恋愛・結婚に踏み切れない若者たち

もう1つ、問題があります。私は2008年に『サラリーマン「再起動」マニュアル』という本を出して、その中で日本の若者たちに「物欲・出世欲喪失世代」とか「ミニマムライフ世代」と呼ぶべき傾向が出てきていることに着目し、これは「日本の消費構造を抜本的に変えてしまうシリアスな問題であり、これから加速することはあっても戻ることはないだろう」と警鐘を鳴らしました。

2015年にはその分析をさらに深めて、『低欲望社会』という本で、「日本の若者の大半はDNAが変異し、欲望がどんどん減衰している」のだから「これまでのように税金を湯水のように使って消費を煽るのではなく、心理に働きかけることによって経済を活性化」すべきだと説きました。この見方は、今も変わっていません。

20代の若者の傾向を分析すると、今後の日本の状況が少しわかります。

まず、図表23の下の円グラフを見てください。20代の人で、これまでに一度もデートしたことがない人の割合は男性で40%、女性でも25%です。20代でデートしていなかったら、

30代になってからの初めてのデートなんて、ぎこちなくて見ていられないです。今の中高年より上の世代とは、全く違うんですね。

それから、車を持たない人が多い。我々の世代は、デートしようと思ったらまず車が必要だということで、「スバル360」のような小さな車でもいいから手に入れたいという感じだったんですが、今はそういう欲望さえありません。

上の円グラフにあるように、20代の男女に現在の配偶者の状況を聞いてみると、男性の65・8%、つまり3人に2人は配偶者も恋人もいません。次に、配偶者はいないが恋人はいるという人は19%です。未婚者は約85%ということになります。

一方で、入籍した配偶者（法律婚）がいる人は13・6%。入籍していない事実婚の人が1・5%です。ヨーロッパあたりは50%が事実婚ですが、日本はほとんどいないわけです。

女性の場合、「配偶者・恋人はいない」が51・4%で、やはり過半数です。そして、「配偶者はいないが恋人がいる」が27・3%です。女性のほうが男性よりも結婚している人の割合は多いのですが、それでも5人に1人です。

20代がこういう状況だと、恋愛や結婚の〝練習〟を全くしないで、30代でいきなりデー

図表23 独身の20代は恋人がいない人が過半数超で、これまでにデートしたことがない人が男性では4割もいる

現在のパートナー状況（20代）

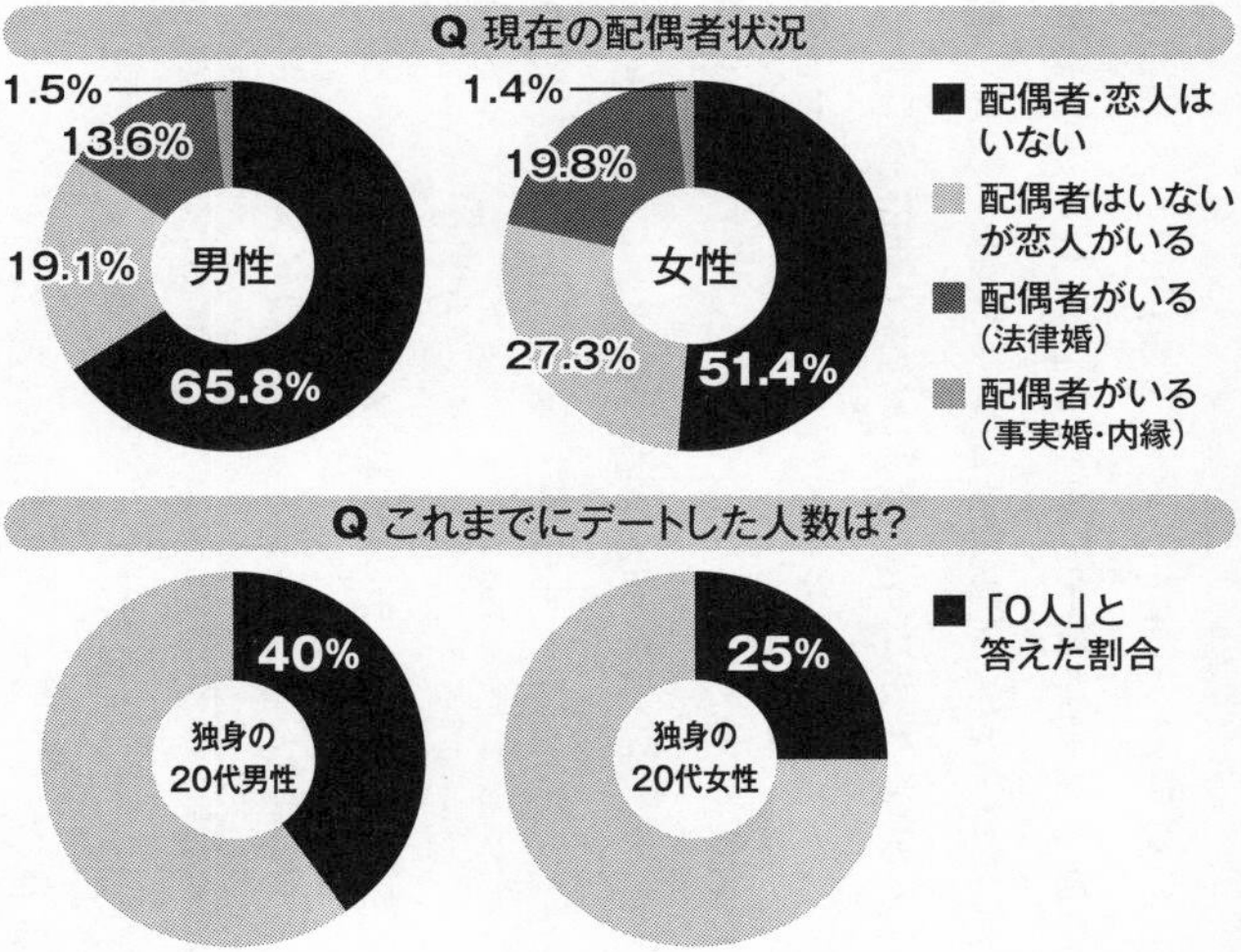

積極的に結婚したいと思わない理由（%）

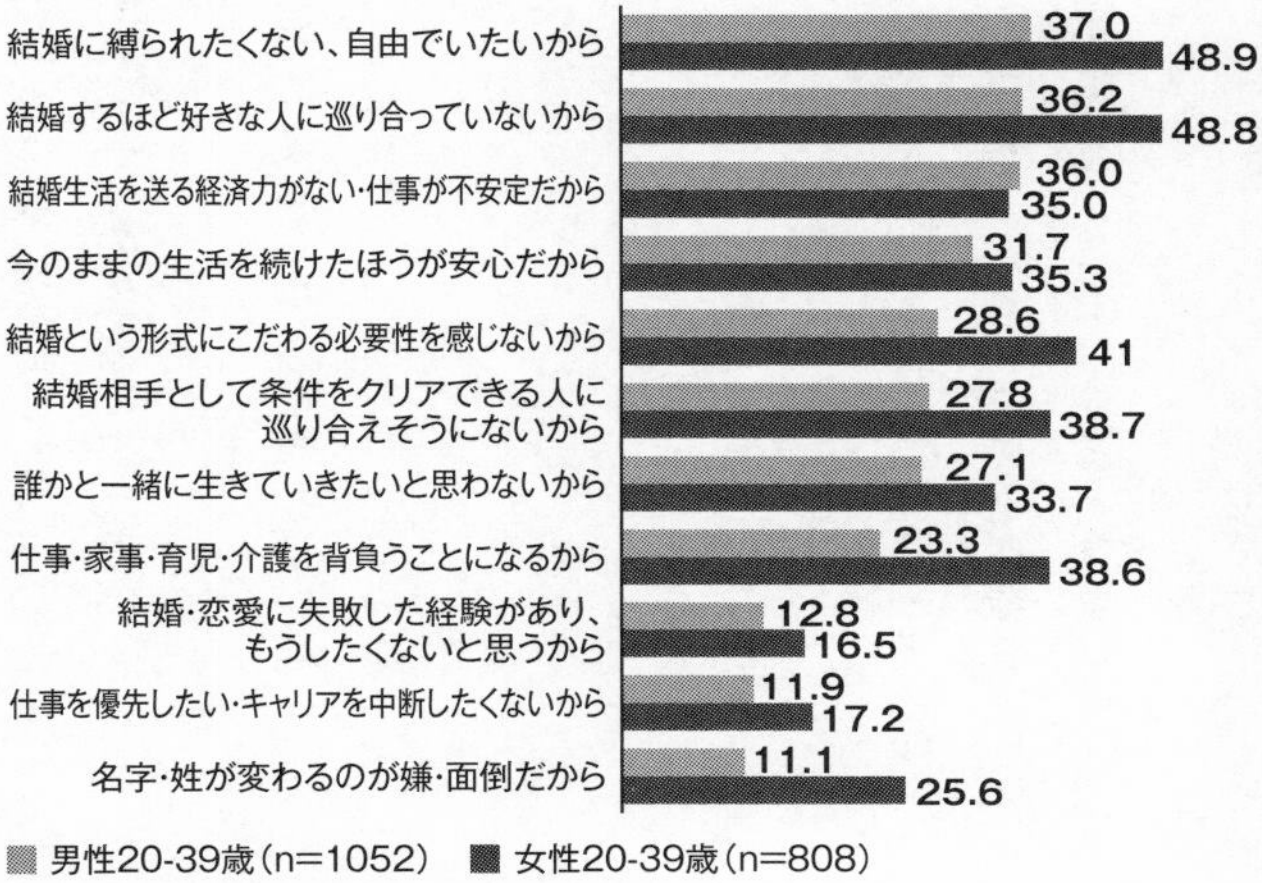

（出所）内閣府 男女共同参画局「男女共同参画白書 令和4年版」

トをしまくって結婚まで突き進む――ということにはなかなかならないんですね。その上、親と同居している「パラサイト・シングル」の場合、ますます「今の生活のままでいいや」となって、いつまで経っても恋愛や結婚に踏み切りません。

なぜ、そんな状況なのか？　20代・30代の男女に「積極的に結婚したいと思わない理由」を聞いてみると、女性では半分近い人が「結婚に縛られたくない、自由でいたいから」（48・9％）と答えています。

女性の回答で次に多いのは「結婚するほど好きな人に巡り合っていないから」（48・8％）。それはそうでしょうね、巡り合うほど頻繁に交際していないからだと思われます。

その次が「結婚という形式にこだわる必要を感じないから」（41・0％）。そう言いながら、事実婚もしないということですね。

それから「結婚相手として条件をクリアできる人に巡り合えそうにないから」（38・7％）、「仕事・家事・育児・介護を背負うことになるから」（38・6％）という回答が続きますが、結婚して実家を出ると生活水準が下がったり重い負担がかかったりするとなれば、どうしても結婚に二の足を踏んでしまうのではないかと思います。

このように、かつて私が「低欲望」「ミニマムライフ世代」と呼んだ若者たちが、「恋愛回避」や「結婚回避」と呼ばれるような状況になっています。もしかしたら、「低欲望」とはまた別な表現やキーワードが必要なのかもしれませんが、20代のこういう状況は、今後もしばらくは変わらないと思います。

拡大するオンライン婚活市場

その一方で、この関連で大きなビジネスになってきているのが「マッチングサービス」などのオンライン婚活です（図表24参照）。市場規模は2020年に622億円に拡大し、予測では2026年に1600億円になると言われています。

いわゆる「出会い系」とか「デートサービス」のようなイメージを持っている方もいるかもしれませんが、いま話題になっているマッチングサービスは全く違います。たとえば、「キャリ婚」という婚活サイトは、女性会員が有料で男性は無料です。ところが会員数は、女性が多くて男性が少ないんです。それで、女性が結婚に際して相手の男性に求める条件を非常に細かく要望します。

たとえば、年収はいくら以上とか、共働き志向で家事は折半したいといった条件を出し、それに合致した男性を紹介してもらうというサービスです。事前に「家事の分担はどう考える？」「女性パートナーが海外転勤になった時について行くのか行かないのか？　その理由は？」というような質問が50問あり、その答えによって自分の要望を満たしてくれる男性かどうかを見極めます。条件を満たせない男性からすると、きついシステムとも言えると思います。

それに対して、男性会員の平均像は年収６００万円前後で30代半ば、管理職または専門職というもので、事前に女性が男性のプロフィールや価値観を確認した上でアプローチする仕組みになっています。先ほど見たように、20代までにあまり恋愛もしないで来ているので、こういうステップを踏んでからマッチングするサイトが女性を中心に伸びてきているわけです。

「おひとりさまマッチング」が新たな鉱脈に

これまで見てきたように、日本は単身世帯が増えており、そのうちの３割以上がシニア、

図表24 オンライン上で、恋愛や結婚の対象となるパートナーを探す「マッチングサービス」が女性を中心に伸びている

マッチングサービス市場

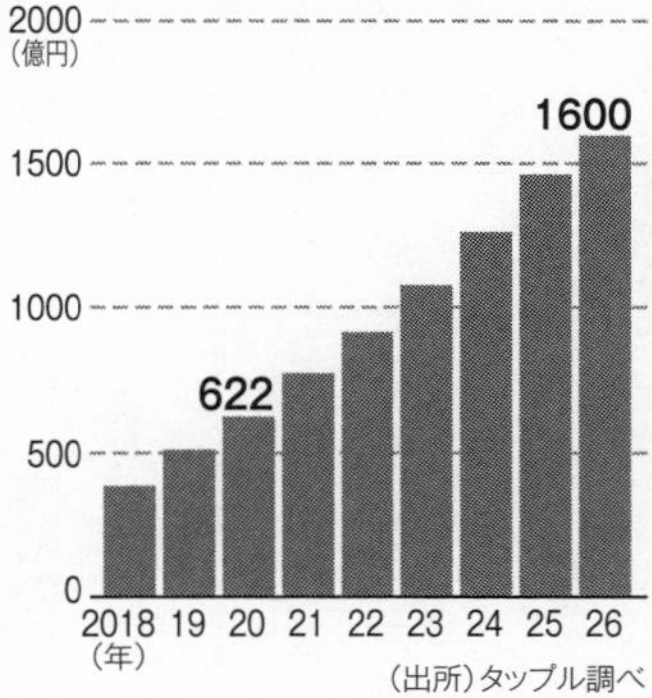

(出所)タップル調べ

- オンライン婚活市場は、2020年に622億円へ拡大
- 外出自粛などの影響を受け、マッチングサービスを手がける各社はビデオ通話機能などを用意して「オンラインデート」機能を充実させた
- 感染拡大の収束に見通しが立たない中、マッチングサービスを利用してパートナーを探す動きが加速している

(出所)日本経済新聞2021年1月18日付

共働きを望む男女が対象の婚活サイト「キャリ婚」

会員の平均像

女性　有料

年収：500万円前後
年齢：30代前半
- 大卒
- 総合職
- 家事は折半したい

男性　無料

年収：600万円前後
年齢：30代半ば
- 管理職または専門職
- 家事代行はOK

共働き思考か審査

☑家事の分担はどう考える？
☑女性パートナーが海外勤務に。ついて行くか行かないか？　理由は？

価値観の一致を、アプリのコミュニティで見極める
「もう恋愛のステップを踏んでいる場合じゃない。絶対に結婚したい」という女性の利用者に選ばれている

(出所)日本経済新聞2021年10月17日付

高齢者となっています。さらに、高齢の世帯ほど一戸建ての持ち家率が高く、3分の2以上になっているという統計もあります（図表25参照）。高齢者が1人で一戸建ての家に住んでいるというケースが非常に多いということです。これは深刻な問題です。

普通に考えたら、こうした一戸建ては建て替え、人に貸して賃貸料を得たり、持ち家を売って今よりも快適で過ごしやすいところで、1人で住むためのマンションやケアハウス、サ高住など環境が整った施設を利用すればいいと思います。ところが、日本人は若い頃に建てた一戸建てが〝終《つい》の住処《すみか》〟だと思っているので、これを手放そうとしないんです。その結果が、このグラフですね。

今の状況を逆手にとって、持ち家一戸建ての利用方法を考えれば、新しいビジネスチャンスが出てきます。

これは第1章でも述べたことですが、昔なら自宅に空いている部屋があったら、近くの大学や高校に通っていて自宅通学が困難な学生や生徒を安い賃料で住まわせる賃貸物件がたくさんありました。いわゆる「下宿」というものですが、近年はこうしたスタイルが敬遠される傾向にあります。

図表25 単身世帯の3割超が高齢世帯となっており、高齢世帯ほど一戸建ての持ち家率が高い

単独世帯数の推移

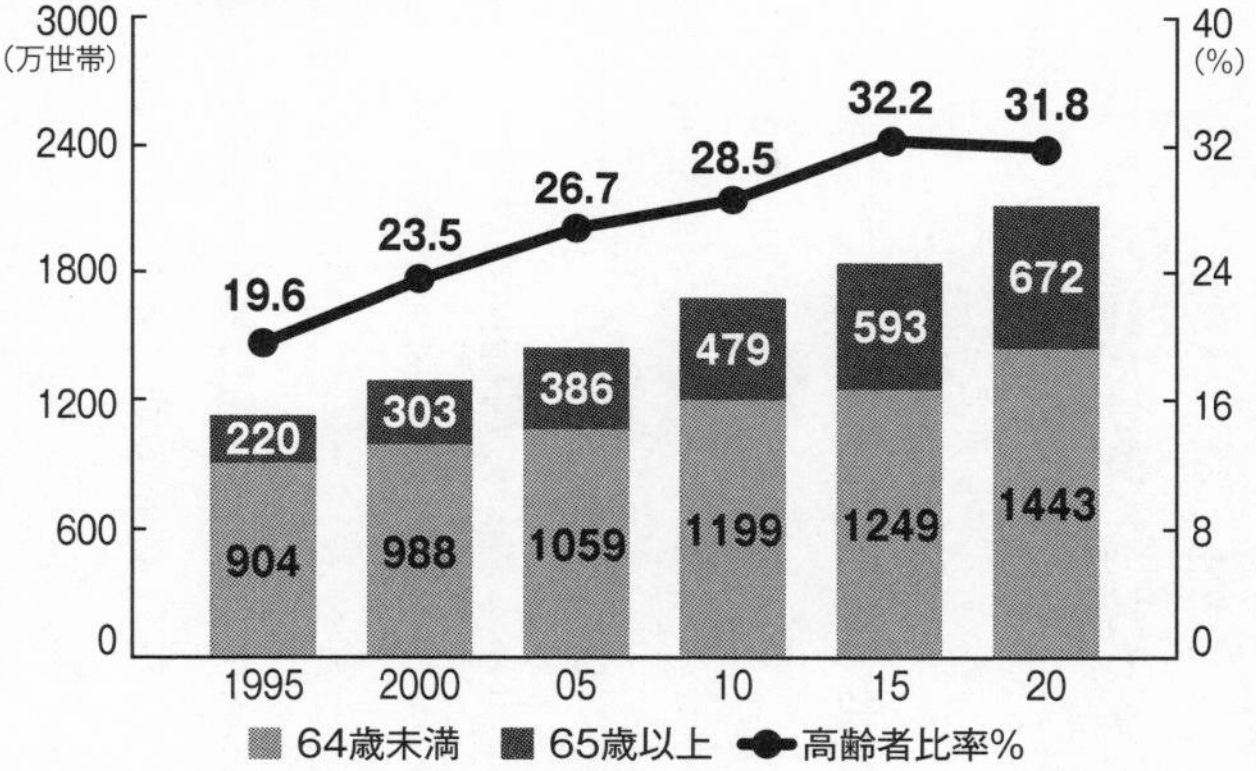

(出所)平成30年住宅・土地統計調査より作成

単独者の年代別住宅の所有状況

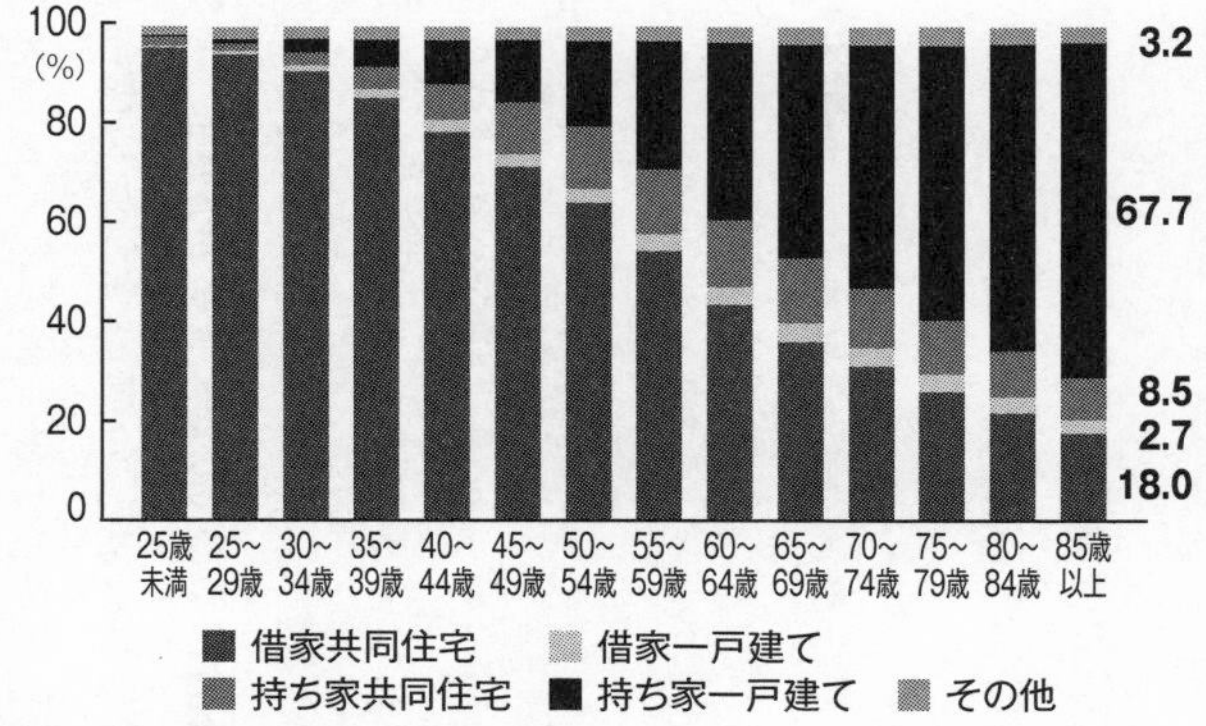

(注)各年代の住宅所有状況合計を100%とする
(出所)令和2年国勢調査より作成

しかし、高齢者が1人で暮らす持ち家一戸建てが増えてきている今、あらためて高齢者と若者の「おひとりさま」同士をマッチングさせるサービスが有効ではないかと思います。たとえば、部屋代は普通の相場に合わせて設定しておき、同居する高齢者のために若者が家事や買い物などの手伝いをしてくれたり、いわゆる「見守り」のような確認や離れて住む家族などへの連絡をしてくれたりしたら、そのぶんを還付するような仕組みを作れば、双方にメリットがある互恵的なコミュニティを作ることができると思います。すでにアメリカには「Ｐａｐａ」というサイトがありますが、そういうふうなことが一大ビジネスチャンスになっています。

また、これも第1章で提案しましたが、子育てが終わって時間や住宅のスペースに余裕があるシニア世代と、子育て真っ最中で共稼ぎの若い夫婦をマッチングさせてもいいと思います。

私が知る限り、今のところ日本では、これらをビジネスとして取りまとめている会社はありません。ただ、これだけ多くの持ち家一戸建てに住む単身世帯があるので、今後は1つの大きなビジネスになると思います。

単身世帯向けビジネスへのシフトが加速

一方、従来の企業はファミリー向けにいろいろな商品を開発していましたが、今では単身者、1人住まい、単身世帯向けのビジネスにシフトしてきています。家電も冷蔵庫、洗濯機、暖房器具、それから調理器具のホットプレートや電子レンジなども全部小さくなっています。

食品で言えば、小分け惣菜、小分け菓子、小サイズの調味料といったものがたくさん出てきています。

さらには、レトルト食品・冷凍食品。チャーハンやお好み焼き、あるいは1人鍋つゆなどです。たとえば、1人前のレトルト食品が複数パッケージされて1つの大きなパックに入っていますが、1人ずつが消費しやすいように1個ずつ違う味になっています。このようなサイズ・量の食品が今、あらゆる種類の商品に出ていて、冷食用のセカンド冷凍庫なども人気があります。

都心のスーパーでは、生鮮食材の小分けや1人用のお惣菜が並んでいます。そうやって顧客の利便性を高めています。

積極的に1人の時間を楽しむ〝ソロ活〟

新型コロナ禍の中で行動制限があったり、他人に気を遣ったりする生活が続いたことによって、積極的に1人の時間を楽しもうという〝ソロ活〟が注目されています。ソロ活というのは、「ソロ（単独）」と「活動」を合わせた造語です。煩わしい人間関係や周囲の同調圧力などを気にせず、徹底的に自分の好きなことを追求できるということで注目を集めています。

図表26で紹介しているのが、ソロ活のような1人行動の良い点と悪い点についてのアンケートです。なぜ1人行動がいいのかというと、「自分の好きに時間を使える」「他人の予定に合わせる必要がない」「他人の意向を気にせずにやりたいことができる」「他人の目を気にする必要がない」「お金があまりかからない」といった回答が寄せられます。一方、悪い点は「1人だと行きづらい場所やお店がある」「感想を言い合う相手がいない」などがあります。

図表26 **新型コロナ禍による行動制限や人間関係の疲れなどにより、積極的に1人の時間を楽しむための〝ソロ活〟が注目されている**

1人行動の良い点、悪い点

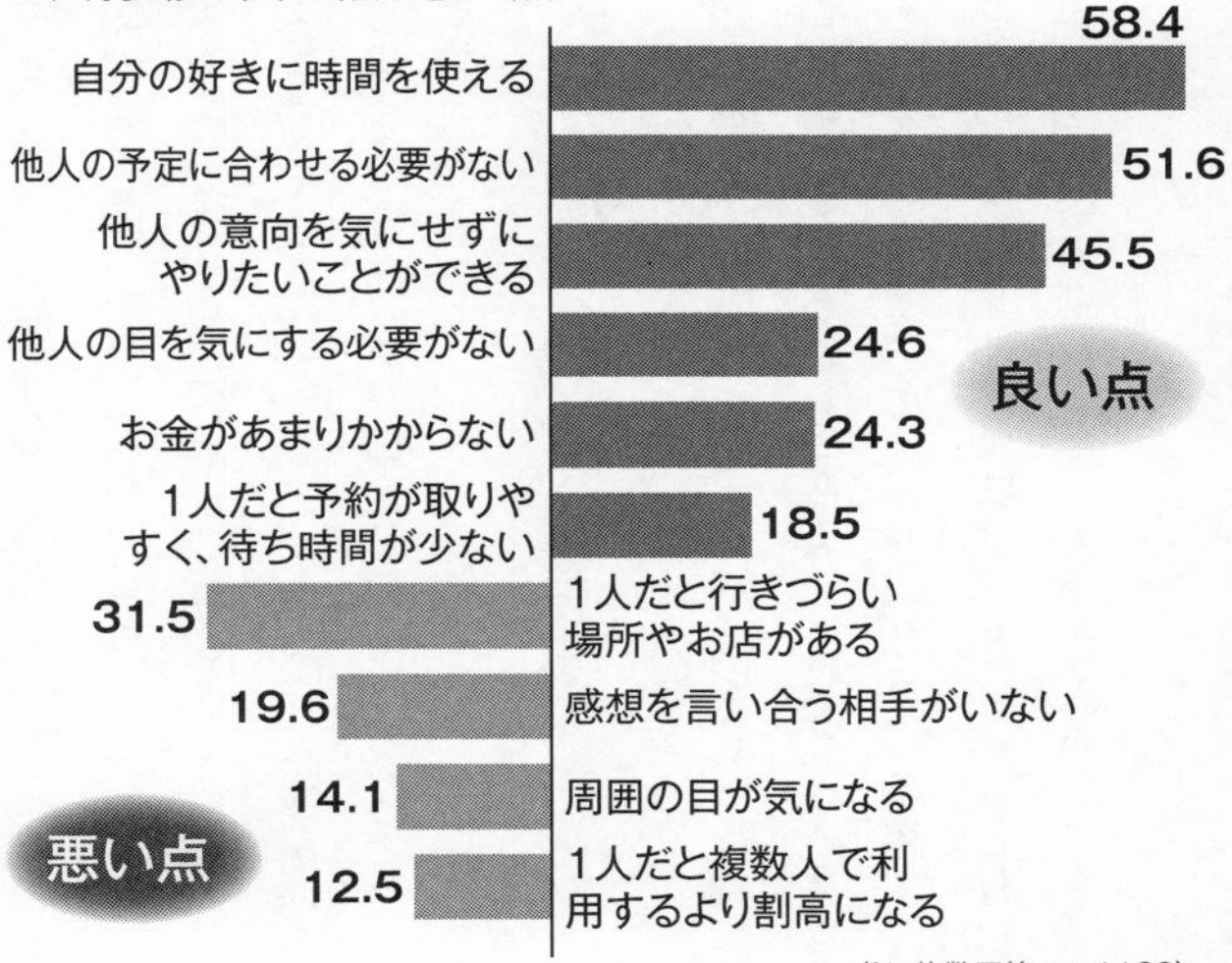

（%、複数回答、n=1100）

ソロ活を謳歌している人に抱くイメージ

1位「自分を大切にしている」（41.1%）
2位「自立している」（39.3%）
3位「行動力がある」（32.9%）
4位「時間の使い方が上手い」
「息抜きの仕方が上手い」（24.4%）

（出所）Cross Marketing「一人行動に関する調査」2020/11/4

そうした中で、ソロ活を謳歌している人に抱くイメージがガラリと変わってきています。かつては「偏屈な人間」「人と交わることができない」といった否定的な印象が多かったのに対し、今では「自分を大切にしている」というプラス評価が41・1％にも上っています。以下、「自立している」「行動力がある」「時間の使い方が上手い」「息抜きの仕方が上手い」と続くように、今ではソロ活が非常にポジティブなイメージで捉えられるようになってきています。

拡大する〝ソロ活〟ビジネス

実際に話題になっている〝ソロ活〟の例としては、たとえば「ひとりカラオケ」。これは、新型コロナ禍のせいもありますが、「ほかの人が歌っているのを聞いていたくない」という理由もあるそうです。それから「ひとり焼肉」「ひとりリムジン」「ひとりディズニー」などというのもあります。大阪であれば「ひとりUSJ」で、年間パスポートで人気アトラクションをすべて制覇する、という人もいます。

あるいは、「ひとり旅」「ソロキャンプ」「ソロツーリング」なども人気です。私もよく全国各地へツーリングに行くので、ソロで走っている人が非常に増えていることを実感しています。それから、いま流行りのサウナを1人で楽しむ「ソロサウナ」もソロ活の1つですね。

この〝ソロ活需要〟を取り込もうと、新規参入する企業が相次いでいます。

たとえば、キャンプ用品市場には、ワークマン、コメリ、ダイソーといった企業が新商品を投入しています。

作業服・関連用品専門チェーンのワークマンは、コスト効率と様々な素材、ものづくりのノウハウを使って、新たなキャンプ用品を展開しています。テント、ローチェア、寝袋など5点セットで1万円以下（価格は2022年6月時点。以下同）という商品もあります。

それから、大手ホームセンターのコメリは、もともと家具や生活用品はプライベートブランドでも出してきましたが、キャンプ用品も自社開発して「ソロテント6980円」という商品も出しています。

100円ショップのダイソーも、この市場に入ってきています。テーブルやチェアが

550円、寝袋やテント（サンシェードタイプ）のようなキャンプ用品も各1100円と激安です。

“山のサブスク・シェアリング”も

一方、キャンプ場についても、新しいビジネスチャンスとして、山のサブスクリプション（定額制）・シェアリングサービスのようなものが登場しています。

たとえば「MOKKI NO MORI（モッキノモリ）」という会員制サービスは、山の中でキャンプをしたいという人に来てもらうフィールドを作って、年会費は11万円とちょっと高いんですが、何回利用してもいいというサブスクリプションモデルです。

また、メディコムという会社がやっている山林シェアリングサービス「YAMAKASU（ヤマカス）」。名称はもうちょっと工夫してもらいたいと個人的には思いますが、できるだけ人のいない場所でキャンプを楽しみたいと考えるソロキャンパーと、維持費を捻出したいと考える山林の所有者をマッチングさせるサービスです。すでにLINE公式アカウントの登録者が1500人を超えていて、山林の維持・管理が難しくなっている現状では、このような形でも使ってくれたほうがいいんじゃないか、という感じです。

従来であれば、大学のサークル活動や友人同士など大勢でキャンプに行って騒いでいたんですが、今はその反対に1人でいる、ソロが楽しいという人が増えています。1人で野山を散策したり、水も電気もないワイルドな雰囲気をエンジョイしたりするというのが最近の流行のようです。

このソロ活は、「食」を巡る市場では非常に大きなセグメントになっていて、「ひとり外食」「ひとり中食」が増えています。ソロ活の市場規模は2016年と2019年を比べても大きくなっています（図表27参照）。新型コロナ禍が収束に向かうと予想される2023年以降は、もっと大きくなると思います。

マスからパーソナルなメディアへシフト

ここで、性別・年代別のメディア接触時間を見てみます（図表28参照）。

このグラフは左側が男性、右側が女性ですが、テレビをよく見る人は、ほぼ年齢に比例して増えていきます。それぞれのメディアを1日に何分ぐらい見ているかがグラフで明示されていますが、高齢者だとテレビだけで3時間を超えて200分前後となっています。すごいですね。これが、いわばブロードキャスティング派ですね。

それに対して、携帯・スマホは一番上のグレーです。若い世代の場合はテレビより圧倒的に多いということです。

皆さんは、スマホやパソコンなどでネットを介して様々な情報・サービスにアクセスしていると思います。GAFAM《ガーファム》（グーグル、アップル、フェイスブック〈メタ〉、アマゾン、マイクロソフト）をはじめとするIT企業は、ここでお客さんを個別に捉えています。何をやっているかというと、ユーザーの行動履歴——何に関心を持って、どこをクリックしているのか——をずっと追跡しています。皆さんは、そんなに行動しているわけではなく、ずっと眺めているだけだと思っているかもしれませんが、企業側はユーザーがクリックした情報をすべて記録しています。

このページをクリックしたのはどういう人間で、どういうことに興味を持っているのかを分析し、その滞留時間を見ています。それを踏まえて、その人が興味を持ちそうな商品をレコメンド（推薦）する。さらに、その人が好みそうな画面構成にして、その人が好き

図表27 **単身世帯化の進展、新型コロナ禍の影響などにより、今後も〝ソロ活市場〟は拡大していくことが見込まれる**

主なソロ活市場の市場規模推移

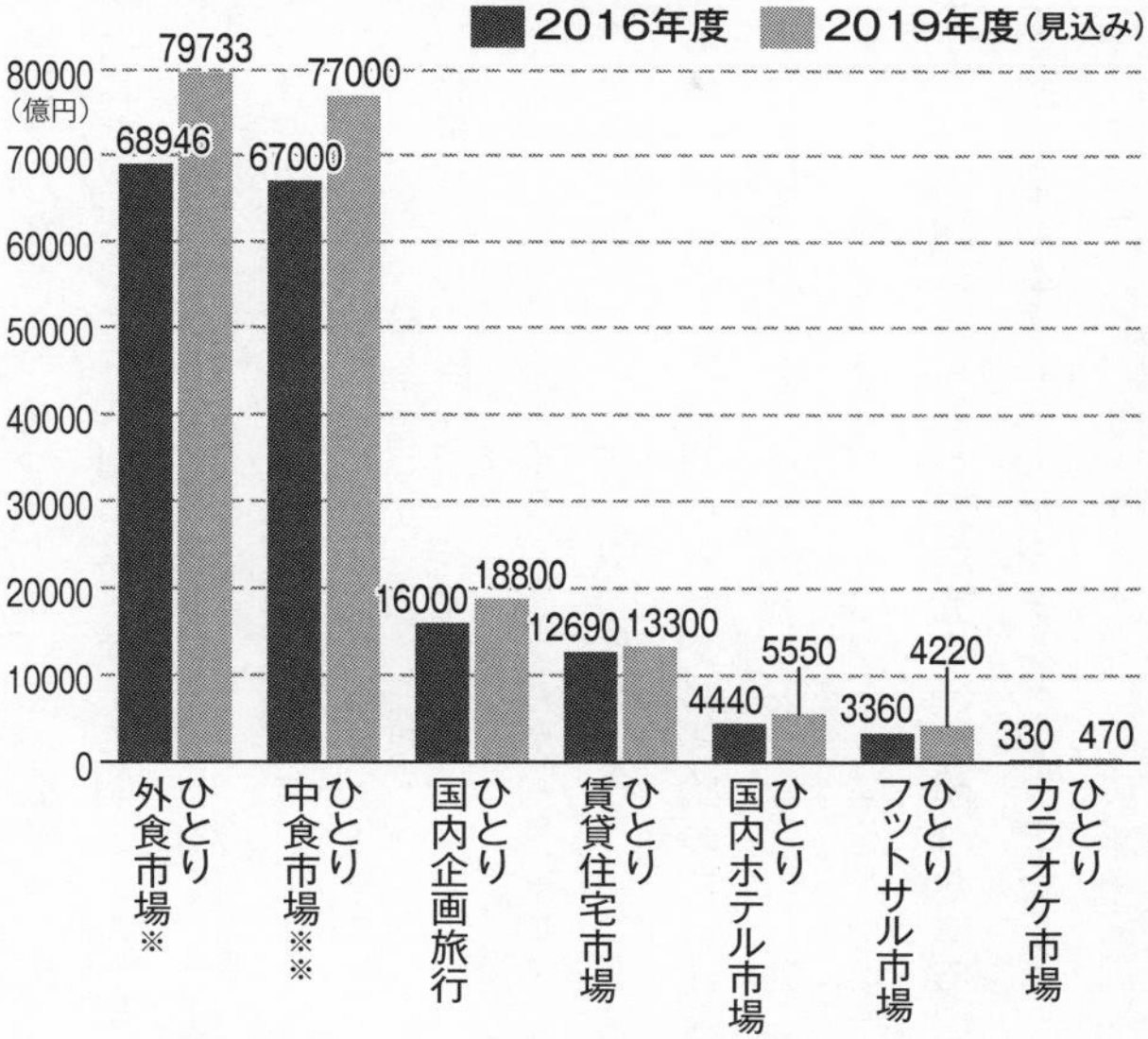

※2019年の外食市場は約26兆円　※※2019年の中食市場は約9.1兆円
（出所）矢野経済研究所「2020 おひとりさま市場総覧」より加筆作成

そうなもので画面を埋めます。そうすれば、より長くそのサイトに滞留してくれます。

というようなことで、GAFAMもユーザーの個人データをどこまで捕捉しているかというところで〝戦争〟のようになっています。たとえば、フェイスブックなどのSNSは、すべてのユーザーごとに表示される画面が違います。

それから、ニュース配信もネットフリックスもティックトックも、すべてユーザー別に最適化されて、表示される内容が違います。

たとえば、中国のティックトックは、アメリカも警戒するぐらいユーザーの趣味や行動履歴などのデータを蓄積しています。中国政府はこういった新興企業に期待する一方で、ITを活用するユーザーが反体制的な方向で騒ぎ始めたら共産党政権が一気に崩壊すると思っているので、アリババやその傘下のアント・グループ（旧アント・フィナンシャル）、あるいはテンセント、ティックトックといった企業を非常に警戒しています。アメリカも警戒していますが、中国政府自身が共産党を倒す恐れがあるのはITに長けていて多数のユーザーとつながっているそれらのデジタルメディアだと考えています。

そして、アマゾン。これも、ユーザーごとに「おすすめ」「イチオシ」などのレコメン

図表28 若い世代ほど〝マス〟から〝パーソナル〟なメディアにシフトしており、取得する情報・サービスもパーソナライズされている

性別・年代別のメディア接触時間（2022年）

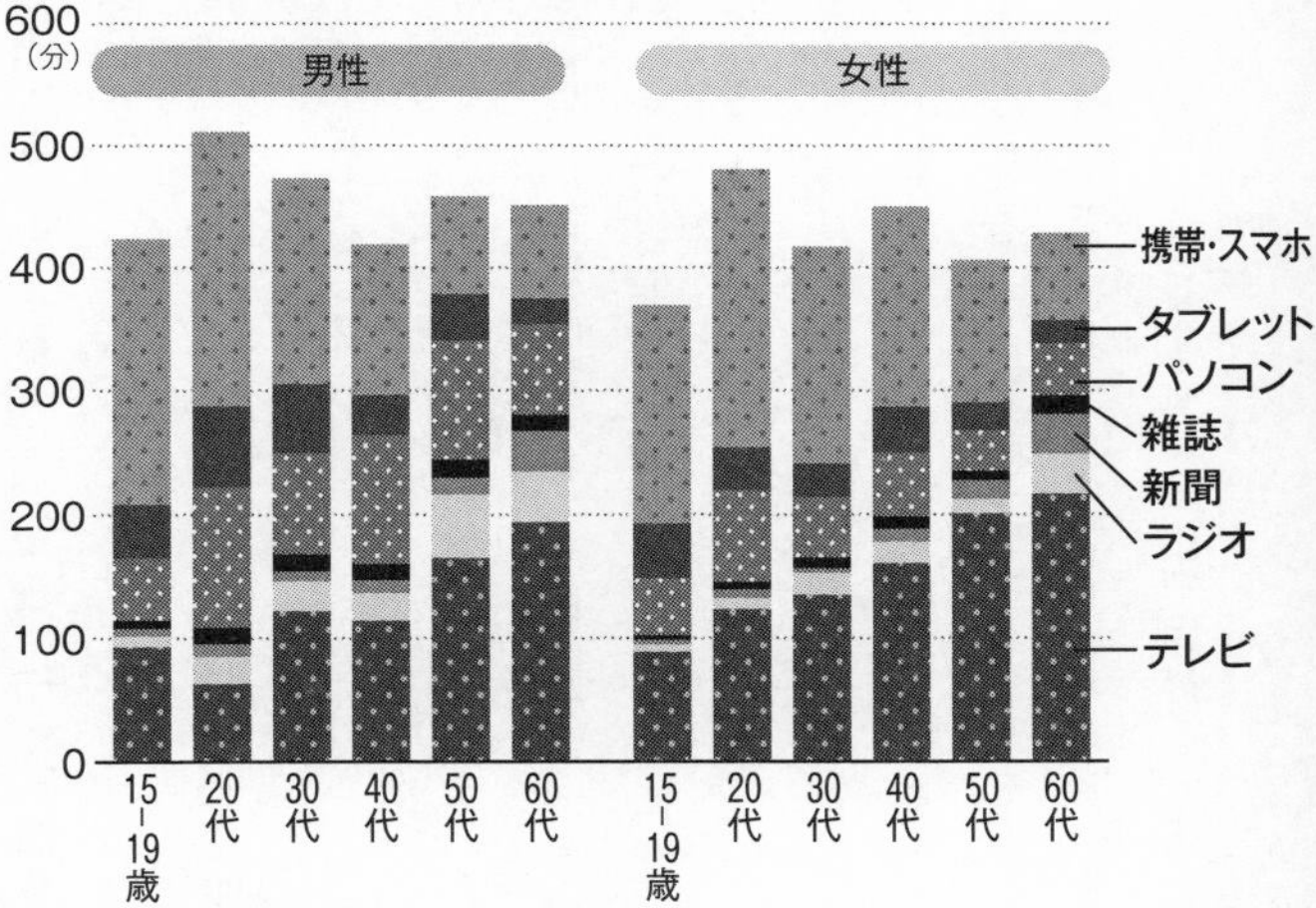

個人に最適化されたデジタルサービス

パーソナライズは、それまでのユーザーの行動履歴などのデータをもとにAIを活用し、ユーザーに提案（サジェスト）、おすすめ（レコメンド）する仕組みのことを指す。

SNS（フェイスブックなど）
……………………… ユーザーごとに表示される情報が異なる
ニュース配信…… ユーザーごとに推奨表示されるニュースが異なる
ネットフリックス‥ ユーザーごとに推奨表示される動画が異なる
ティックトック…. ユーザーごとに表示される動画が異なる
アマゾン ………… ユーザーごとに表示される商品が異なる

※パーソナルメディア＝個々人にカスタマイズ・パーソナライズされたメディア。スマホ自体がパーソナルメディアであり、SNSの個人ページ・ウォールも含む
（出所）博報堂DYメディアパートナーズ「メディア定点調査2022」より作成

デーションが出てきますよね。それから、何か買おうとすると「この商品をチェックした人はこんな商品もチェックしています」という〝ついで買い〟を勧めるというサービスを展開しています。個人個人にパーソナライズするのが当たり前になっているわけです。

重要なのは「自分らしさ」

ここは極めて大事です。たとえば、ファッションや美容品を購入する顧客へのアンケートを見ると、「自分の体形に合うか」「自己充実できる、私らしいと思えるものか」「肌に合うか」といった点が、非常に重要なポイントになっています（図表29参照）。キーワードは「自分らしさ」です。

実はユーザーに「結局、あなたは何が好きなのか」と尋ねても、具体的にはよくわからないというケースが多いんです。ところが、今までの選択や購入履歴を蓄積することで、そのユーザーの志向や好みがわかるので、それをもとに、「おすすめ」するわけですね。

結果的に、図表30にあるように、ユーザーの悩みや好みに合わせて作られた商品をメーカーが顧客と直接やりとりするＤ２Ｃで届けるサービスが人気を集めています。

図表29 ファッションや美容品を購入する際の重要なポイントとして、「自分に合うか」「私らしいと思えるか」が上位に挙がっている

ファッション・美容品の購入に関するアンケート

Q「ファッション」関連商品・サービスを購入するうえで重要なポイントとなるのは何ですか?当てはまるものを上位3つ選んでください(%)

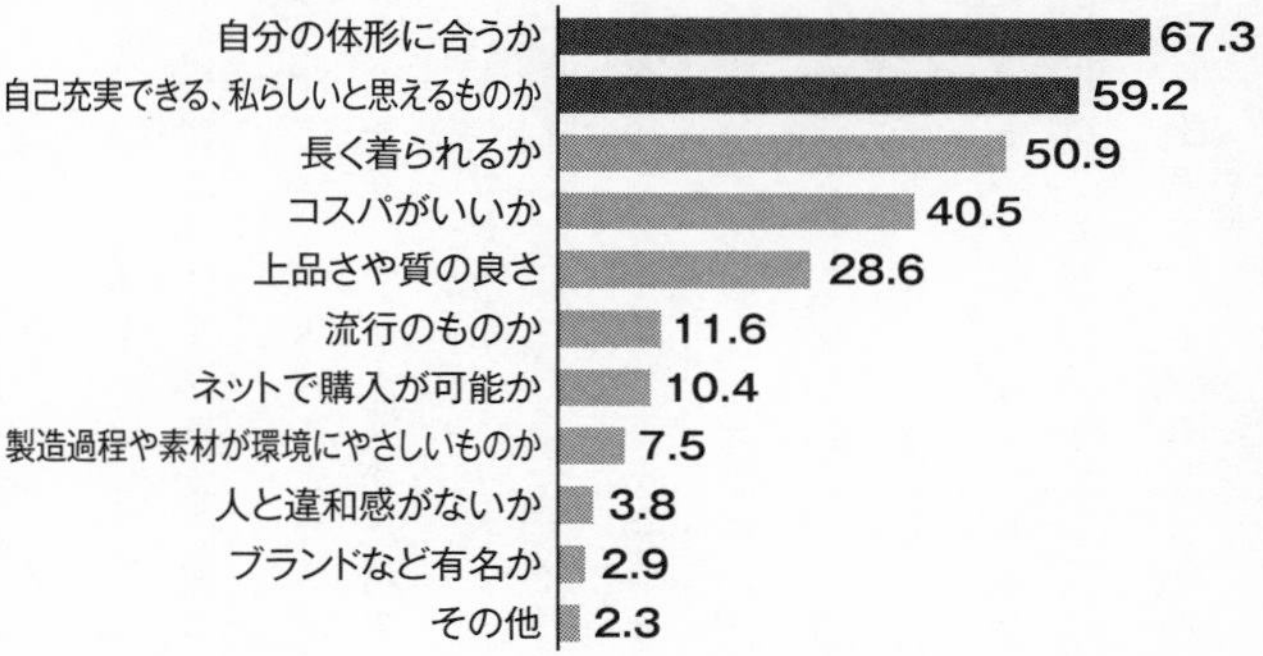

Q「美容」 関連商品・サービスを購入するうえで重要なポイントとなるのは何ですか?当てはまるものを上位3つ選んでください(%)

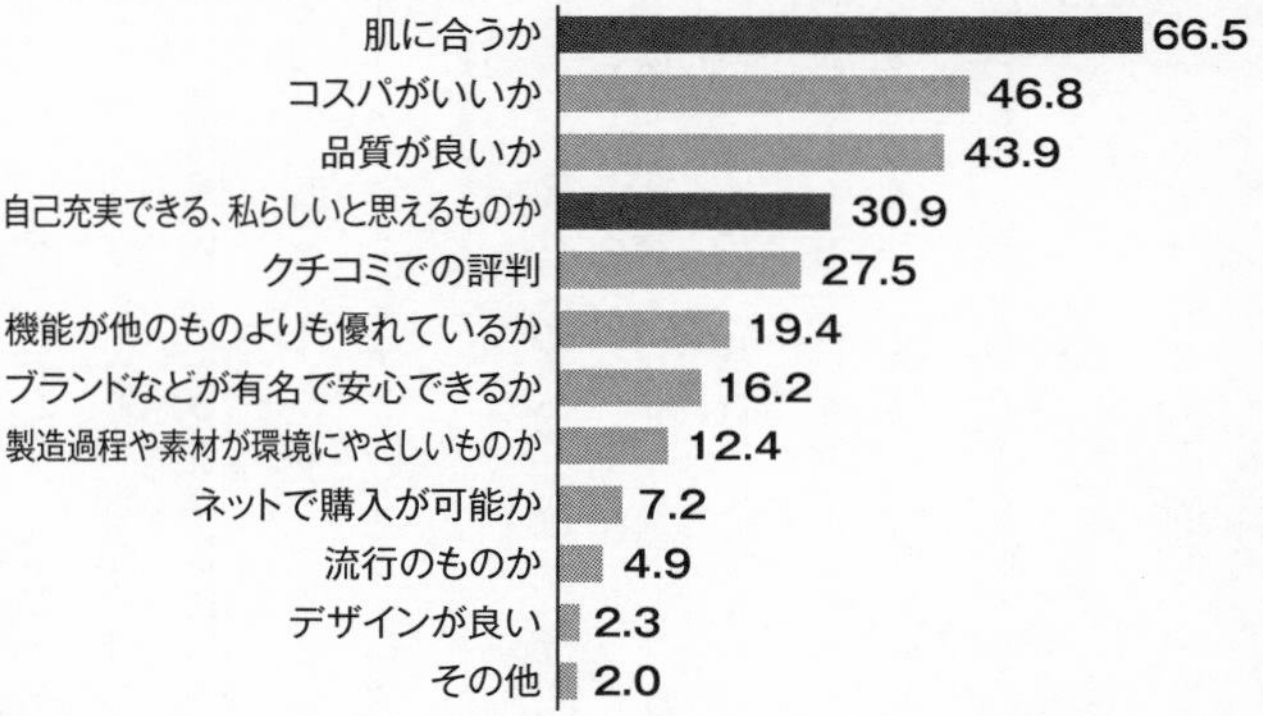

(出所)ハー・ストーリィ【調査期間】2021年11月26日(金)~12月5日(日)、【調査対象】15歳以上の女性346人

たとえば、スパーティー（Sparty）という会社は「メデュラ（MEDULLA）」というシャンプーを作っています。これは、オンラインで髪質などを調べ、それに基づいたシャンプーを毎月配送するサブスクリプションモデルです。今までは花王やユニリーバなどの大手メーカーが、髪質やフケが多いといった特徴によってターゲットを絞り、商品ラインアップをそろえていましたが、いま人気があるのはまさにポイントキャスティングで、個人個人にパーソナライズされた商品が受けているということです。

あるいは、トリコ（tricot）という会社の美容ブランド「フジミ（FUJIMI）」。これは個人個人の肌質などに合ったスキンケア商品やサプリメントなどを配送しています。

食品でも、グリーンスプーン（GREEN SPOON）は、野菜中心のヘルシーな宅食サービスで、体の悩みや生活習慣に応じたスムージーやスープなどを販売しています。

スナックミー（snaq.me）は、「おやつと、世界を面白く。」というキャッチコピーを掲げるお菓子の配送サービスです。個人の好みや生活習慣に合わせた添加物などを使わない健康志向の商品を定期的に送るというものです。

無添加化粧品で知られるファンケルは、健康食品分野で「パーソナルワン」というサー

図表30 ユーザーの悩みや好みや体質などにあわせて、パーソナライズされた商品・サービスを届けてくれるD2C※ブランドが人気

主なパーソナライズ化商品

サービス名（企業名）	概要	開始時期
メデュラ（スパーティー）	オンラインでの髪質診断などに基づきシャンプーを毎月配送	2018年5月
フジミ（トリコ）	肌質、生活習慣に応じたサプリやフェースマスクなどを毎月配送	2019年3月
グリーンスプーン（グリーンスプーン）	体の悩み、生活習慣に応じたスムージーやスープを販売	2020年3月
スナックミー（スナックミー）	生活習慣や味の好み、避けたい食材などを反映した健康志向のお菓子の詰め合わせを定期配送	2016年3月
パーソナルワン（ファンケル）	尿検査の結果と生活習慣などを分析し、最適なサプリを提案	2020年2月

※Direct-to-Consumer:中間流通業者を通さずに、自社のECサイトを通じて製品を顧客に直接販売すること

（出所）読売新聞　2022年1月11日付

ビスを展開しています。これは尿検査の結果や生活習慣などから「あなたの場合にはこういうものが必要です」と、1人1人に最適なサプリメントをオーダーメイドで作って送る仕組みです。

これらのほとんどはサブスクリプションモデルで、D2Cです。こうしたやり方であれば、今までマス・マーケティングのチャンピオンだった花王やP&G（プロクター＆ギャンブル）などに比べて、非常にきめ細かく「◯◯さん、あなたにぴったりのこんな商品がありますよ」とダイレクトに働きかけるサービスが可能になります。

パーソナライズとカスタマイズ

ここから先、企業は当然、新しい生活者像をもとに、セグメンテーションをより狭く「パーソナライズ」しなければならないということになってきます。

従来のマーケティングは、せいぜいセグメンテーション別に対象を絞って行なっていましたが、そこからもう一歩前に進んで、単身世帯・独身者増加、ソロ活、こだわり、自分専用――こういうふうなものに対してマーケティングができるかどうか、ということが問われるわけです。そのためには、私が「第4の波」と呼んでいるAI&スマホ革命の波に完全に乗って、1人1人のニーズに合わせてパーソナライズしたサービスを届けられるかどうかが非常に重要になってきています。

さらに、パーソナライズするだけでなく、「カスタマイズ」も重要な要素になってきます（図表31参照）。その顧客の好みやニーズにぴったりな商品を提供したとしても、「私だったらもうちょっとこういうふうにしてもらったほうがいい」とか「こんな刺繍を入れたい」といった要望が出てきます。そのリクエストに応える形で、まずパーソナライズした後でカスタマイズしていくというサービスも有効だと思います。

このようなパーソナライズやカスタマイズを実現するためには、個別のお客さんのデータを細かく把握していなければなりません。これを世界で最も実行しているのは、中国のアント・グループです。

アント・グループの場合は、今までの購買履歴はもちろんのこと、どこに住んでいるか、どんな家に住んでいるか、駐車場は何台分あるかといった個人情報をすべて把握しています。今までの支払い状況や購売履歴も全部見ています。したがって、この顧客はどのぐらい信用が置ける人間かを評価する「ゴマ信用」＝セサミポイントというものを付けていて、上は800点ぐらいから下は350点ぐらいまで格付けされています。

以前、同グループの関係者から聞いた話ですが、イタリアの高級車ブランドであるマセラティの新しいSUVモデル「レヴァンテ」を中国で何千台か売り出した際には、「皆さん、レヴァンテはこんなにいい車ですから買ってください」といった売り方はしなかったそうです。「上海の高級住宅地にお住まいのあなた。今ちょうど車庫1台分、空いているではないですか。そんなあなたにぴったりの新車が出ます」とピンポイントで相手の個人情報を踏まえて売り込んだら、アッという間に売り切ったそうです。やはり、ほかの誰でもなく「あなた」というと、すごい効き目があるんですね。

ただ、このアント・グループのやり方というのが少し行き過ぎてしまったところがあって、これまで中国では女性がデートする相手の条件は「マンションを所有しているかどうか」だったのですが、今はゴマ信用で700点以上でなければデートの対象にもしてもらえないという話も出ています。そうなると、ゴマ信用のスコアが1人の人間の運命まで左右するようになってしまいます。

図表31 1人1人異なる生活者のニーズを取り込むためには、AIデータ活用・分析による〝パーソナライズ〟が鍵となる

パーソナライズとカスタマイズの違い

パーソナライズ

企業がユーザーに合ったものを提供

カスタマイズ

ユーザー自身が好みに応じて変更を加える

- 「30歳の日本人女性向け」というようにターゲットセグメントを設定して商品やサービスを提案してもビジネスはうまくいかない
- 大事なのは「男性か女性か」「何歳なのか」「どの国の人なのか」ということではなく、「ひとりのユーザーが何を求めているのか」
- テクノロジーを活用しながら、よりきめ細かに個別のニーズに対応することにフォーカスする必要が出てくる

パーソナライズに必要なAI・データ活用

行動データ　購買履歴データ　口コミデータの活用によるパーソナライズ

- Eコマース、動画配信などでこれまでの購買履歴、ユーザーの属性データからAIによって好みの傾向を判断し、レコメンドする
- 深い個別データ（好み、口コミ、本音）をどれだけ持てるかが重要。アマゾンがあれだけデータを持っているのにアットコスメ（アイスタイル社）に140億円の大金を出資したのは、1700万人の深い個別データを持っている強みがあるため
- シニア女性のコミュニティを作った『ハルメク』の1人勝ちにも通じる

生体データの活用によるパーソナライズ

- ユーザー個人の生体情報（画像、身体計測データなど）を取得し、取得したデータからAI・アルゴリズムにより、個人に最適なサイズ・成分・商品などを推奨する

  事例 化粧品（肌診断データ）スニーカー（足の形状計測）アパレル（身体サイズ計測）

（出所）BBT大学総合研究所

アマゾンが欲しがった情報サイトの強み

このように、パーソナライズやカスタマイズでは、行動データや購買履歴、クチコミデータなどを集約することによって、ユーザーのあらゆる好みやニーズ、それから、クリック1つでその人の傾向を見て、それを把握していきます。

第1章で紹介した雑誌の『ハルメク』も、シニア女性の集団を非常にうまく組織しながら、女性誌として日本一の出版部数を誇っていると同時に、ネットにも入ってきて、シニア女性のニーズについても一番よく把握しているという感じになっています。

それから、アイスタイルが展開している「アットコスメ（@ｃｏｓｍｅ）」という日本最大級のコスメ・化粧品・美容の総合情報サイトがあります。このアットコスメは1700万人の女性が化粧品について意見や感想を寄せていて、化粧品に関する情報が非常に詳しく深いと言えます。かつ化粧品に興味がある1700万人のコミュニティがあって、それぞれ個別のデータを持っています。値段もアットコスメの商品はリアル店舗よりも若干安いということもあって、「化粧品のことなら資生堂」という時代ではなくなっています。

そのため、もともとアマゾンはどの競合相手よりもたくさんの顧客を捕まえていますが、化粧品に限って言えば深さがないということで、このアットコスメに１４０億円を出資して筆頭株主となりました。

また、生体データを活用したパーソナライズは、化粧品やスニーカー、アパレルなどのメーカーでは非常に重要になります。これができれば、既製品ではサイズが合わなかったり、自分の足にぴったりの靴がなかったりした場合に、オーダーすることが可能になります。ただし、これは私もナイキの社外取締役をやっていた頃にずいぶんチャレンジしましたが、なかなか難しい領域です。

顧客ニーズの取り込みで明暗

いま、「ソロ活」向けのサービスは外食市場で非常に拡大しています。

博多に本社がある豚骨ラーメン「一蘭《いちらん》」。ここは、パーティションで仕切られた「味集中カウンター」というものがあります。たとえば、女性が１人で来店してラーメンを食べる場合、周りから見られたくないという時に便利です。また、追加注文で「替え玉ください」と言うところを見られたくない人は気にせずオーダーができます。テーブルには個別のオーダー用紙があって、自分好みにカスタマイズすることも可能で、メニューもバラエティに富んでいます。この「味集中カウンター」というシステムは、同社が特許を取得していますが、今後このようなシステムを採用する店は増えていくと思います。単にパーティションで仕切るだけではなく、その中で1人の空間を作ってあげるということがポイントです。

ここで、顧客ニーズの取り込みで明暗を分けた事例を紹介します。

一方は、かつて一世を風靡《ふうび》したステーキチェーン店の「いきなりステーキ」。急成長して調子よくやっていましたが、4人テーブルを作ったり、値段を下げずに質を落としたりしたことで、ソロ活を楽しませる要素を失っていきました。その結果、経営するペッパーフードサービスはひっくり返って、社長も交代しました。

それに対し、1人焼肉というスタイルを提案したチェーン店「焼肉ライク」。ここは、お客さん1人ずつが無煙ロースターで焼肉を食べられるようになっています。セットメニューも、いろいろなバリエーションがある。1人飲みを対象にした廉価な飲み放題コース、通称「ワンベロ」なんていうものもあります。ここはソロ活の利点を徹底的に研究し、個人客をうまく取り込んで成功しています。

もともと複数人数で楽しむイメージがある焼肉を「ソロ」でも楽しめるようにして業績を拡大しているということです。

モチベーションを高める販売モデル

独自の販売モデルを展開している企業もあります（図表32参照）。

たとえば、ネスレのアンバサダー制度。これはソロ活というよりも、顧客となる会社の中できめ細かく10人単位ぐらいでお客さんを把握していく販売システムです。対象は「株式会社○○」ではなく、「○○ビル○階フロアの東側コーナー」で、10人ぐらいのコーヒーマシンを無料で貸します。そこに専用カプセルを置き、たとえばカプセルを1日「1人2杯」とすると、毎月のコーヒー代が全部でだいたい6000円、1人あたり600円です。その10人分の要望を聞いてくれたり、注文をまとめて連絡してくれたりする社内の人をネスレは「アンバサダー」と呼んでいます。アンバサダーに給料は払っていませんが、ネスレと密なコミュニケーションをとって販売に貢献してくれている人を毎年アンバサダー大会に招待して成功事例などを発表しています。アンバサダーにとっては無給であってもその役目を認められるということがありますし、会社側にとっても社外の販売スタッフが会社の中に入ってくるより、自分の会社の社員が注文も聞いてくれるので安心ですよね。そういうやり方です。

あるいは、バニッシュ・スタンダードの「スタッフスタート（STAFF START）」という販売モデル。これは、私がいま日本で最も注目している会社の1つですが、CEOの小野里寧晃《おのざとやすあき》さんという人は「自分の人生は失敗の連続だった」と言うほどの紆余《うよ》曲折を経て、このバニッシュ・スタンダードという会社を作った人物です。

なぜ私が注目しているかというと、この会社は販売スタッフと顧客をオンラインでつなぎ、E2C（Employee to Consumer／店舗スタッフと顧客の良い関係をオンライン上でも構築すること）でアパレルを販売しています。今はアパレル業界の販売スタッフの平均的な給料は1か月に約16万円と言われています。頑張ってみたところで、20万円にはなか

図表32 B2Bではなく、モチベーションの高いアンバサダーや社員などを活用したC2C的な販売モデルがある

ネスレのアンバサダー制度

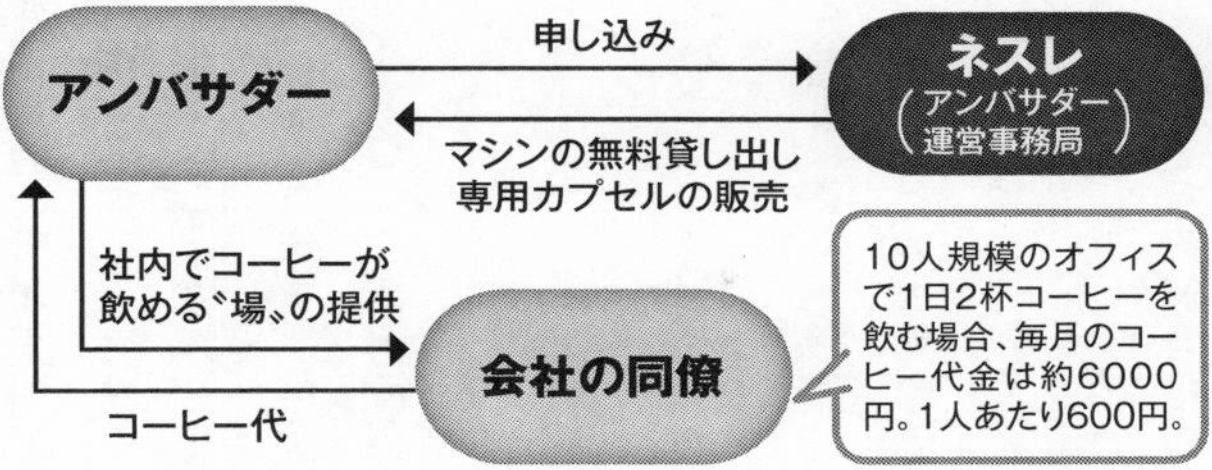

企業が場を設けなくても、アンバサダーが集まって、アンバサダーコミュニティが自然と拡大している

（出所）ネスプレッソほか各種報道・資料より作成

バニッシュ・スタンダードのSTAFF START

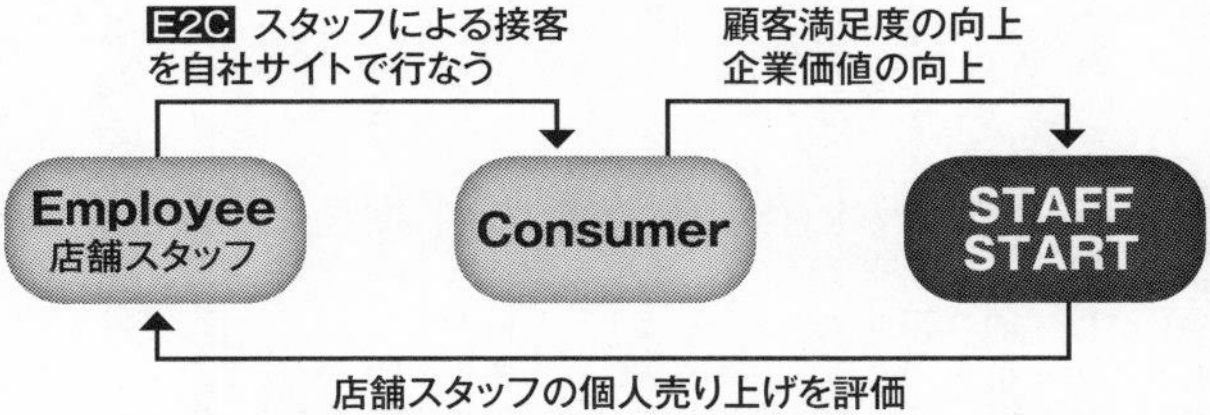

- E2C（Employee to Consumer）とは店舗スタッフと顧客の良い関係をオンライン上でも構築すること。
- STAFF STARTは、コーディネート・動画投稿やレビュー投稿によりオンライン接客を可能にするだけでなく、スタッフ個人のEC売り上げを可視化。
- スタッフや店舗の評価につなげることで、モチベーションの向上やサービス改善を実現。

（出所）バニッシュ・スタンダード

なか届かないというのが実情です。

そうした中でスタッフスタートは、販売している商品を販売員たちが自分で着てモデルになったり、それにバッグや靴をコーディネイトしたりして発信すると、それを全国の人が見て、買ってくれます。中国でバズったインフルエンサーのようなことをやるわけです。これまでの1スタッフの月間最高売り上げは1億3000万円、年間では10億3000万円に達しているそうです。その売り上げの平均3％ほどが販売スタッフに入るので、モチベーションが上がっていく仕組みです。

売り上げナンバーワンは富山県

小野里さんによると、販売スタッフ1人あたりの年間平均売り上げが最も多い都道府県は、東京や大阪などの大都市圏ではなく、富山だそうです。今までアパレル販売というのはロケーションがすべてだったんです。良いロケーションに店舗を構えれば、お客さんがたくさん来て売れていくというのが常識でした。つまり、ロケーションで売っていたんです。しかし、E2Cの場合はロケーションに関係なく、地方で時間がある販売スタッフが手間暇かけて動画を作るので、その人の売り上げのほうが伸びるわけです。

これは日本にとっては朗報だと思います。地方で時間を持て余している人が、じっとしていないで発信すると、本人がいわば起業家になるわけです。そこで、先ほどのネスレの「アンバサダー」のように成績の良い販売スタッフを集めて全国大会をやって、さらにその場でノウハウを交換すれば、会社の売り上げが伸びていきます。つまり、今まではロケーション（＝家賃）にお金を払っていたんです。それに対し、バニッシュ・スタンダードがやっているのは人材にお金を払うということです。その仕掛けは、自分で稼いだ売り上げの3％だから、非常に明快です。

私は、このシステムを作った小野里さんは、日本政府から表彰されてもおかしくないと思っています。岸田首相は、ことあるごとに「給料を上げろ」と騒いでいますが、給料というのは上げる理由があるから上がるわけです。理由もなく給料を上げたら、会社は立ち行かなくなります。それに対してバニッシュ・スタンダードは、スタッフがE2Cでお客さんに直接セールスして売れたら、それに応じて給料も上がっていく。そういう新しい仕掛けを作って実際に事業を成功させたことは、大いに称賛されるべきだと思います。

「第4の波」に乗った急成長企業「シーイン」

このカテゴリーで急成長しているナンバーワン企業を紹介します。中国発ファッションネット通販のシーイン（SHEIN）です（図表33参照）。

同社のクリス・シュー（許仰天）CEOは、もともと広州の人ですが、いろいろ事情があって、今はシンガポールに会社を移しています。販売も中国を中心にせず、アメリカ、イギリス、メキシコ、タイ、日本など世界150か国に展開しています。創業は2008年で、2021年の売上高は約2兆円に拡大しています。

この会社は、日本のファーストリテイリングと比べるとわかりやすいのですが、ユニクロやGUはリアル店舗がありますね。リアル店舗があるということは、そこに常駐するスタッフを雇わなければなりません。しかし、シーインはEコマースでやっているので、店舗や常駐スタッフが何もないんです。そのビジネスモデルで2兆円も売ったら、利益がすごいことになります。その結果、なんと時価総額は14・4兆円まで膨らみました。アパレル業界では、すでにファストリを抜いてZARAを擁《よう》するインディテックスやH&M（へネス&マウリッツ）も抜いています。これまではZARAとH&M、ユニクロがアパレル業界の世界3大ブランドとして長い間君臨していましたが、そこにいきなりシーインが割って入り、さらに上に行ってしまったわけです。

しかも、シーインは2万人を超えるインフルエンサーを活用しており、作っている商品は小ロットで100着ぐらいずつです。中国で作ってくれる協力工場を次々と増やしていて、発売とほぼ同時に売り切れになる――というビジネスをやっています。インフルエンサーのおかげで顧客からの反響が大きければ、さらに100着追加で発注します。

一方、ファストリは、たとえばフリースなどの定番商品を1000万着単位でオーダーしているので、今年は来年の冬物ではなく、その次の年の冬向けの商品開発を仕掛けておかなければならないので、あまり融通が利かないんです。それほど大きなロットだから良質・廉価が実現できるわけですが、シーインは100%Eコマースで、店も持っていない、販売スタッフもいない、インフルエンサーは報奨制――というふうにやって、売上高2兆円、時価総額14・4兆円に達しているわけです。ファストリはEコマースにも力を入れていますが、売上高に占める比率はまだ18%です。ZARAでも27%。100%Eコマースに振り切って勝負しようという発想ができるのは、アリババやテンセントを生み出している中国だからこそだと言えます。とくに協力工場やサプライチェーンの構築に秀でていて、広州を中心に協力工場を無数に作っています。ですから、この勢いが続けばシーインの1人勝ちになるかもしれません。

日本でも、けっこうシーインの商品を使っている人が増えています。体形や色などで自分の好みがわかっている人は、すでにシーインで買っています。しかし、この種のビジネスは、ともすれば拙速主義に陥りやすく、品質などで評判を一気に落とす可能性もあります。

ファストリのような会社の場合、なかなか同じことはできないと思います。それだけ早く設計するデザイナーがいないでしょうし、〝日替わりメニュー〟で商品を作っていくのは難しいでしょう。ZARAはデザイナーが多いので、もしかするとそちらにシフトしていくかもしれませんが、シーインの動きについていくのは大変だと思います。

企業は、こうした激しい潮流の変化の中で生き残っていかなければなりません。

図表33 中国発のファッションネット通販「シーイン」は毎日数千点の新製品を投入、SNSを活用し多様なニーズに対応している「第4の波」「AI・スマホ革命」の究極の企業

シーイン（SHEIN）の概要

- シーインは許仰天（クリス・シュー）氏が2008年に中国・広州市で創業した企業。現在はシンガポールの統括会社、ロードゲットビジネスが運営。
- 売上高は非開示であるが、2021年の売上高は1000億元（約2兆円）で、2019年の160億元から6倍に増えたと推定される。アメリカ、イギリス、メキシコ、タイ、日本、など世界150か国以上で事業展開。
- アパレル通販では後発となったため中国国内では販売せず、中小零細の縫製工場を束ねて少量多品種生産体制を構築し、毎日数千点の新製品を投入する生産拠点に特化。
- マーケティングはSNS（交流サイト）などを活用し、多様なニーズに対応。2万人を超えるインフルエンサーを活用してインスタ、ティックトックなどで認知度を高めている。

超少量多品種生産体制の特徴

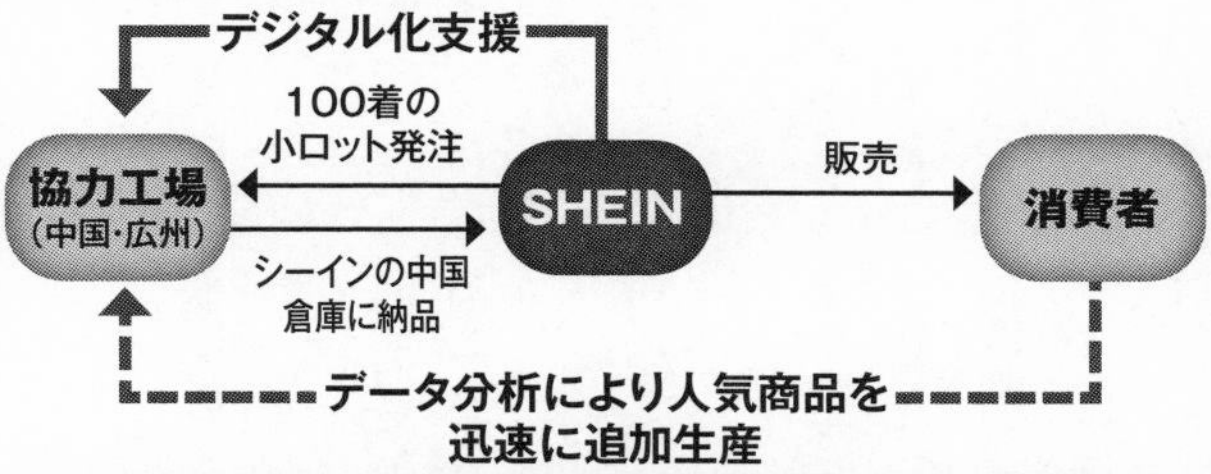

ブランド	年間生産品目数	売上高（2021年）	時価総額	EC化率
ユニクロ	1000点	1兆7651億円	8.6兆円	18%
ZARA	1.2万点	約2.6兆円	約9.5兆円	27%
シーイン	15万点	約2兆円	約14.4兆円	100%

（出所）日本経済新聞 2022年9月8日付、「チャイトピ!」2022年6月3日付

ということで、40%の世帯が単身となる「ソロ社会」時代に日本はどう対応していくかを最後に考えます。

「おひとりさま」対策に正面から取り組め

日本政府も「孤独・孤立対策」の担当大臣を任命しましたが、実は同じ1人の大臣が「共生社会」「少子化対策」「男女共同参画」「女性活躍」「こども政策」「若者活躍」などを兼務しています。5つも6つも兼務している大臣に「あなたはいったい何が主任務なのか」と聞いても、明確に答えられないと思います。真剣にこの問題に取り組む気があるのか、大いに疑問です。

看板だけを次々に掲げて「やってる感」を出す政治はもうやめて、世帯の4割を占める単身者を対象に「おひとりさま省」という役所を作り、予算をつけて、自治体に指示をする。自治体は、「おひとりさま」対策に正面から向き合い、たとえば余っている家をもっと有効に使ったり、単身者同士のマッチングサービスやコミュニティの活性化などを追求したりする。そういったことが非常に重要になってくると思います。

この問題は、最終的には学校教育に原因があります（図表34参照）。これは大量生産・大量消費時代の教育、つまり全員が〝中の上〟ぐらいの人間をつくろうという教育であり、かつ文部科学省が学習指導要領を出してそれに従わせるという全体主義的な教育をいまだに続けています。

それに対し、「ソロ社会」時代の教育は、基本的にすべてテーラーメイドです。「第4の波」に合わせた教育方針のもとに、個別指導していく必要があります。音楽やスポーツの世界で活躍している日本人の多くは、画一的な学校教育で育っていません。個別指導のテーラーメイドで成長しています。

かつての団塊の世代は、年間出生数が260万人を超えていましたが、今はその半分以下になっています。子供の数そのものが減っている上、知識偏重・暗記重視の学習はほとんど意味がなくなってきています。あらかじめ「答え」がある問題を解くのではなく、「答え」のない問題をどうやって解決するかが求められているのです。それは学習指導要領では教えられないことであり、児童・生徒1人1人に付き添いながら一緒に答えを見いだしていくしかありません。今はAIを活用し、児童・生徒の学力や個性に合わせた個人最適化学習ビジネスなども進んでいます。

皆さんの中には、すでに孫がいる人もいるかもしれませんが、21世紀の子育ては、本当に1人1人の子供に合った育て方をするべきです。テーラーメイド教育の第1歩は皆さんから始めるというぐらいのことをやったらいいのではないかと私は思います。文科省の学習指導要領より、皆さんのテーラーメイドの教えのほうが、よほど子供たちの糧《かて》になるはずです。

＊

ということで、今回の「ソロ社会時代の新たな生活者像」というのは、少子高齢化が進む日本において非常に大きな構造変化かつニーズの変化であり、従来のビジネススクールで教えていたようなセグメンテーションより、もっと細かいポイントキャスティングのビジネスが求められてくるということです。マス・マーケティングの効率は非常に悪いということを理解し、この方向に向けて一歩踏み出していただきたいと思います。

（2022年9月の向研会セミナーより抜粋・再構成）

図表34 **結局、行きつくところは学校における「集団催眠」問題であり、学習指導要領に基づく「集団思考ファースト」型から、音楽・スポーツのような「個別指導」型へと転換しなければ、新しい時代は乗り切れない**

学校教育の狙いと実態

学校教育の狙い
・お題目として「個性重視」を掲げる

学校教育の実態
・実態は学校教育における「集団催眠」状態
・学習指導要領に基づく内容を全員に教え、「集団思考ファースト」の人材が育つ状態
・いまだに「第2の波」の教育（均質的）
・ビジネススクールの教科書の崩壊 ➡セグメンテーションから個別ニーズの追求へ ➡ケース・スタディも変えていくべき ：2つとして同じ答えがない可能性　時代遅れのケース・スタディを流用

ソロ社会時代の教育のあり方とは？

個別指導型学習環境への転換

- 音楽とかスポーツのように「個別指導」が必要となる
- 「ティーチ」から「ガイド」「ナビゲート」「ファシリテート」などのやり方に変えていかなくてはならない
- そういう学習環境からスタートしないとソロ社会時代は乗り切れない

政府の役割	・「第4の波」に合わせた教育方針への転換 ・「個別指導」教育に向けた規制撤廃
企業の事業機会	・「個別指導」型教育の展開 ・AIを活用した、個人最適化学習ビジネス（アダプティブラーニングなど）

（出所）大前研一

以上が、「ソロ社会時代の新たな生活者像」についての基調報告というべき概要である。

ここからは、過去の連載記事をベースとして、さらに具体的なテーマ・論点に沿って解説していくことにする。資料やデータなどがセミナーの内容と一部重複しているところもあるが、改めて問題を整理する意味もあるので、ご理解いただきたい。

補講　「おひとりさまマッチング」が新ビジネスの鉱脈となる

単身世帯の増加は世界的な傾向

私はこれまで著書や雑誌連載などで、省庁再編や行政のあり方について何度も提言してきた。たとえば最近では、18歳（成人）未満を対象とする「こども家庭庁」は、女性が受胎した時点から小学校就学前の6歳までを対象にする「子供省」に衣替えし、文部科学省は義務教育（高校卒業までの12年間に延長）を所管する「文部省（教育省）」と大学・大学院を所管する「科学省」に分割・解体すべきだと主張している。

さらに、これからの日本に必要だと考える新しい役所がある。「おひとりさま省」だ。2020年の国勢調査によると、世帯人員別の一般世帯数は単身（1人暮らし）世帯が2115万世帯で最も多く、2015年の前回調査より273万世帯（14・8％）も増えて、全体の38％を占めている。すでに「ソロ社会」時代が到来しているのだ。

単身世帯の増加は先進国における世界的な傾向である。OECD（経済協力開発機構）などの統計（2015年）によると、デンマーク、フィンランド、ノルウェー、ドイツが40％超で、スウェーデン38％、オーストリアとスイスが37％、オランダ36％、フランス35％、イタリア33％、イギリス31％、アメリカとカナダが28％、韓国27％、オーストラリアとニュージーランドが24％だ。

このため、たとえばイギリスは2018年に世界初の「孤独担当相」を設置した。スウェーデンでは、孤独老人問題を解決するために、単身高齢者と若者や海外からの移民が交流する実験的な共同生活アパート「セルボ」が2019年に開設された。高齢者が移民に英語を教え、若年層が高齢者の生活を扶助するという仕組みである。また、フランスでは独居高齢者と住まいを探す若者をマッチングするNPO法人（特定非営利活動法人）やスタートアップ企業が登場した。アメリカでも、大学生が独居高齢者の生活を手助けする「Ｐａｐａ」という〝バーチャル孫〟ビジネスのスタートアップ企業が注目を集めている。これらは非常に興味深い新ビジネスのテーマであり、日本でも展開を考えるべきだと思う。

シェアハウスと単身高齢者をマッチングする

もともと日本には「下宿」という形式の賃貸物件がたくさんあった。多くの場合、民家の部屋を自宅からの通学が困難な生徒・学生に提供する形で経営され、トイレや風呂が共同で、大家のまかないが付いていた。下宿営業は旅館業法で「施設を設け、一月以上の期間を単位とする宿泊料を受けて、人を宿泊させる営業をいう」と定義されている。いわば「民宿」の長期滞在バージョン、管理人同居・食事付きの「シェアハウス」で、アパートやマンションを借りて1人暮らしをするよりも生活費が安く済むというメリットがある。

かつては私の母親も横浜で大学生向けの下宿を営んでいた。しかし、若者と生活リズムが合わない、アルバイトや部活動や飲み会などで門限を守らないといった問題があり、ほどなくやめてしまった。学生側としても、大家や他の下宿人との共同生活は窮屈でプライバシーが守れないなどの理由から、近年は下宿が敬遠される傾向にあるという。このため下宿は減り続け、厚生労働省の統計によれば、今や全国にわずか671施設（2020年3月末現在）となっている。

しかし、最近は独立した子供の部屋が空いている家が多いし、2世帯住宅で玄関が別の完全分離型も少なくないので、新しいやり方を考えれば、高齢者と若者が同居する下宿スタイルのサービスをビジネス化できるのではないだろうか。

シェアハウス自体は多様化しつつある。たとえば、国内最大のシェアハウス専門ウェブメディア「ひつじ不動産」には、ファミリー向けも含めた全国各地の様々な物件が掲載されている。定額住み放題サービス「ADDress《アドレス》」の物件は、生活・仕事に必要なものを完備し、光熱費込み、敷金・礼金・保証金などの初期費用なしで、リモートワークや観光などの長期滞在に利用できる。これらを単身高齢者と若い独身者の組み合わせでひとひねりすればよいのである。

高齢者の1人暮らしは何かと危険を伴うし、家の掃除やメンテナンスも難しくなるので、若者が同居していれば心強い。一方、若者は高齢者のノウハウを吸収しながら、生活費を安く抑えることができる。だから、両者をマッチングする領域にビジネスチャンスが眠っているると思うのだ。

孤独・孤立対策は〝片手間〟なのか

あるいは、子育てが終わって時間や住宅のスペースに余裕があるシニア世代と、子育て真っ最中で共稼ぎの若い夫婦をマッチングさせてもよい。これは私が以前から提案している「義理の里親制度」というもので、若い夫婦はリーズナブルにベビーシッターや幼稚園・保育所の送り迎えなどを頼むことができ、シニア世代は老後資金2000万円問題対策で収入を得られる、という仕組みである。

少子高齢化社会では、必然的に若者も高齢者も単身世帯が増える。兄弟姉妹は少ないし、人生100年時代になって死別も増えるからだ。ならば、それをビジネスにするにはどうすればよいか、という発想が必要なのである。

実は日本政府にも単身世帯の増加を視野に入れた「孤独・孤立対策担当相」がいる。しかし、孤独・孤立対策は内閣官房に33もある政策担当「室」のうちの1つにすぎない。しかも「内閣府特命担当相（こども政策、若者活躍、少子化対策、男女共同参画）」「女性活躍担当相」「共生社会担当相」と兼務した上での「孤独・孤立対策担当相」だ。真剣にやる気があるのか、甚だ疑問である。

また、孤独・孤立対策推進会議は2021年暮れに重点計画も策定し、電話やSNSによる24時間対応の相談体制の整備や情報発信の推進、地域との「つながり」の場づくりなどを盛り込んだが、基本的に「生きづらさ」「心の不調」「生活困窮」など、新型コロナ禍で深刻化する単身者のメンタルヘルスや負の側面ばかりを強調している。

しかし、前述したように単身者の増加自体は少子高齢化社会では必然である。これからは誰しも孤独と向き合わざるを得ない。ならば、おひとりさま省はむしろ単身者同士をマッチングするビジネスの経済的利点やコミュニティの活性化などを追求すべきではないか。

そしてそれは、国よりも自治体が地域の実情に応じて取り組むべきであり、おひとりさま省は自治体を支援すればよいと思う。なぜなら、このまま担当相が他に6つもの政策分野を抱えていたら、役人や有識者任せの〝片手間対策〟しか打ち出せないからだ。

主張　「インボイス導入」は日本をデジタル化する千載一遇のチャンスだ

〝アナログ社会〟の象徴――マイナンバー制度の迷走

「ソロ社会」時代に対応したビジネスでは、生活者1人1人のニーズを取り込まなければならない。そのためには、AIやスマホなどのデータ活用による「パーソナライズ」がカギになる――とセミナーで解説した。

その前提となるのは、言うまでもなく個人情報のデジタル化だ。ソロ＝単身者の情報がデジタル化されていなければ、これまで述べてきたようなビジネスなど実現できない。そうした視点に立ってみると、日本という国は世界からますます取り残されていると言わざるを得ない。

〝アナログ社会〟日本の象徴は、岸田政権の〝アキレス腱〟となっている「マイナンバー制度」だろう。

政府は、2024年秋を目処に健康保険証と一体化させることを目指しているが、すでにその1年以上前から、トラブル続発のマイナンバーカードを自主返納する動きが広がっている。保険証や公金受取口座との紐づけミス、住民票誤交付などの不祥事が後を絶たないため、国民が政府とマイナンバーカードのシステムに対する不信感を募らせているのだ。

このため政府は慌てて関係省庁のデジタル庁、総務省、厚生労働省を中心とした「マイナンバー情報総点検本部」を設置し、2023年8月に中間報告を公表した。

しかし、これは焼け石に水だろう。持ち主不明の年金記録が約5000万件も存在することが明らかになった社会保険庁（日本年金機構の前身）の「消えた年金記録」と同じく、抜本的な問題解決は不可能だと思う。なぜなら、岸田首相も河野太郎デジタル相も松本剛明総務相も加藤勝信厚労相も、問題の本質を全く理解していないからである。

私はマイナンバー関連4法案が国会に提出された10年前から「マイナンバーカードは役に立たない」と批判してきた。さらにその20年も前から生体認証をID（アイデンティフィケーション／本人同定）に使った国民データベース（DB）の構築を提唱している。

しかし、マイナンバーカードに生体認証は付いていない。マイナンバーカードの専用サイト「マイナポータル」では、税・所得や年金、雇用保険、生活保護など29項目の個人情報を閲覧できるが、生体認証が付いていなければ情報漏洩のリスクは避けられない。

国民ＤＢのシステムを構築する正しい方法は、まず１人の特定個人Ａさんからスタートし、国との関係で必要な機能をすべて盛り込んだ生体認証付きのカードを１枚作ってみる。そして、それを各役所につなげていくというものである。

ところが、今のマイナンバー制度は順序が逆で、初めに役所ありきでシステムを作り、それに泥縄式で個人をつなげているから、ＡさんにつながるはずがＢさんにつながってしまうという問題が起きているのだ。つまり、マイナンバー制度は最初からやり方が間違っていたのである。

もともとマイナンバー制度の出発点は、過去の技術や古い仕組みで構築されているレガシーシステムの住基ネット（住民基本台帳ネットワーク）なので、マイナンバーカードのシステムは本館と新館や別館を渡り廊下でつないだ古い温泉旅館のような迷宮状態になっている。住基ネットが本館で、税・所得、年金、健康保険証などが新館や別館だ。

かてて加えて、住基ネットのシステムは自治体によってＩＴベンダーが富士通、ＮＥＣ、日立製作所、ＮＴＴデータなどバラバラである。それを１つにつなぐだけでも大変なのに、さらに当初は想定されていなかった様々なものを旧型の住基ネットに無理矢理くっつけたから、破綻が生じてトラブルが相次いでいるのだ。

噴出する反対意見

そうした中で、2023年10月からスタートするのが「インボイス制度」だ。

インボイス（適格請求書）とは、売り手が買い手に対して正確な適用税率や消費税額などを伝えるもので、売り手の登録事業者は、買い手の取引相手から求められたら、インボイスを交付しなければならない。買い手はインボイスを受け取った場合のみ、消費税の仕入税額控除の適用を受けられる。

この制度に対し、反対意見が噴出している。理由は次のようなものだ。

これまで課税売り上げ1000万円以下の事業者は「免税事業者」として消費税の納付を免除されていたが、インボイス制度が始まると「課税事業者」に登録してインボイスを発行するか、免税事業者のままインボイスを発行しないかの選択を迫られる。

しかし、インボイスを発行する課税事業者になったら、これまで免除されていた消費税を納付しなければならなくなる。一方、免税事業者のままだと、買い手から敬遠されたり、消費税の負担や値引きを迫られたりする恐れがある。買い手から見ると、免税事業者から物やサービスを買ってもインボイスが交付されないため、消費税の仕入税額控除が受けられず、その分、消費税の納税額が増える。つまり、同等のものを買うなら、課税事業者から買ったほうが得になるのだ。

往々にして「例外」を作る日本

このため、従来の免税事業者から「税負担、事務負担が増える」「弱い者いじめだ」「廃業の危機にさらされる」といった声が上がり、その結果、免税事業者から課税事業者になった場合の負担軽減措置が拡充された。

たとえば、2023年10月から3年間は、売上税額のうち2割だけを納税額とすることができる（2割特例）。また、税理士相談費用や機械装置導入費などが対象の補助上限額が一律50万円加算され、100万～250万円になる。加えて、IT導入補助金は、安価な会計ソフトも対象になるよう、補助下限額が撤廃された。さらに、課税事業者の登録率が2022年末時点で法人75％、個人34％にとどまっているため、登録期限が2023年3月末から「事情を問わず」9月末に延長された。

しかし、インボイス制度は例外を作るべきではなく、補助金を上乗せしたり、登録期限を延長したりする必要もない。なぜなら、これは日本の税務会計をデジタル化する千載一遇のチャンスだからである。

往々にして日本は経済原則に例外を作ってしまう。その最たるものは、2009年に当時の亀井静香金融担当相が主導して制定されたモラトリアム法（中小企業金融円滑化法）だ。リーマン・ショックで経営が悪化した中小企業などを救済するために借金返済を一定期間猶予する法律で、2013年3月末まで続いた。その恩恵を受けて延命した〝ゾンビ企業〟は約30万社とされるが、そのうち経営が改善して成長した企業はほとんどない。インボイス制度に例外を作ったら、それと同じ轍《てつ》を踏むだけだ。

消費税の「取りこぼし」は6割

そもそも、日本は「消費税」と呼んでいるが、実は最終消費者だけが負担する本来の消費税ではない。この税は、製造・流通・小売りの各段階で創出される付加価値に対して課されるヨーロッパ方式の「付加価値税（VAT）」であり、原則として付加価値税はすべての取引にかかる。日本のGDP（国内総生産＝付加価値の総和）は約550兆円だから、本来であれば、消費税（付加価値税）率が10％なら55兆円の消費税収があるはずだ。しかし、実際は約22兆円（2021年度）しかない。つまり、6割も取りこぼしているのだ。

その原因の1つは、前述したように、免税事業者が消費税の納付を免除されていたことである。免税事業者も物やサービスを売った時は買い手から消費税をもらうが、それは国に納める必要がないので、そっくりそのまま免税事業者の懐に入る。いわゆる「益税《えきぜい》」である。それが取りこぼしの一部になっていたわけだ。

付加価値税を消費税と呼んだ財務省の問題もあるが、付加価値税である以上、すべての取引に課税するのが原理原則だ。つまり、これまでの税制が歪んでいたのであり、その歪みを是正するだけで消費税収を大幅に増やすことができるのだ。

しかも、青色申告は事業者が自分でつける帳簿方式なので、私的に使った外食代や旅行費用などを経費として計上しているケースが少なくない。売り上げが1000万円以上の場合、会社を分割して課税を逃れている例もある。

だが、インボイスをデジタルでやれば、すべての取引データが電子帳簿に記録・保存されて透明になるので、そういうイカサマがやりにくくなる。税務調査もＡＩを活用すれば怪しい事業者がすぐにわかるから、うんと楽になって、役人を大幅に削減できるだろう。

「経理業務が繁雑になる」という反対もあるが、会計ソフトを使えば簡単にできる。インボイス制度の導入は、鉛筆なめなめ帳簿をつけるアナログで不透明なやり方から卒業する、またとない機会なのである。

もっと言えば、この問題は、デジタル化できずに世界から取り残されている日本の構造的問題につながっている。世界はＡＩ・スマホ革命による「第４の波」＝サイバー社会に突入しているのに、まだ日本は企業も政府も自治体も、情報革命による「第３の波」＝ＩＴ社会の後半で立ち往生しているのだ。

サラリーマンにも「青色申告」導入を

さらに税制で公平を期すなら、サラリーマン（給与所得者）も青色申告の対象にすべきである。具体的には、まず仕事用の書斎や机、椅子、ＩＴ機器などの購入費を減価償却・経費計上できるようにして、所得税から還付する。私が昔から提唱している「書斎減税」だ。

購入した住宅の減価償却も認め、住宅ローンの金利や修繕費を経費として計上できるようにする。賃貸の場合は家賃や光熱費を収入から差し引けるようにする。

要は、自営業者らに認められてきたことをサラリーマンにも適用するのである。それによって、全体の税収が減るのではないかと懸念を持つ人がいるかもしれないが、私は消費拡大・経済活性化の効果のほうが大きいと思う。

重ねて言うが、インボイス制度の導入は日本の税務会計をデジタル化する千載一遇のチャンスであり、この機を逃してはならない。もともと売り上げ１０００万円以下の事業者が消費税の納付を免除されていたことがおかしいのであり、まともに納税することを否定する声は無視し、一気呵成に断行すべきである。

おわりに――定年後も「やりたいことは全部やれ！」

「クライシス」は避けられる

定年後の人生をどう生きるか？　中高年や高齢者の生き方本が人気を集め、雑誌や新聞でも特集が組まれている。

たとえば、朝日新聞の「定年クライシス」という連載では、定年後は自宅でゴロゴロしているだけだった夫は、毎日3回食事を作らされることに嫌気がさした妻に「週3日は外に出てほしい」と言われたが、どこにも居場所が見つからず、環状線の電車に乗って時間をつぶすしかなかったという侘《わび》しい実例が紹介されていた。

〝会社人間〟〝働き蜂〟だった男性は、接待でやっていたゴルフくらいしか趣味がなく、地域での活動にも参加したことがないため、定年を迎えると暇を持て余し、妻の外出にくっついて歩く人が少なくないという。実際、近所のスーパーでは、妻の後からショッピングカートを押してついていく高齢男性をよく見かける。自分1人では必要な食品や日用品などの買い物ができないため、妻に頼るしかないのだろう。

そういう高齢男性を、かつては払っても払ってもくっついて離れない濡れた落ち葉に喩《たと》えて「濡れ落ち葉」と呼んだ。それが煩わしくて重荷に感じた妻が〝亭主在宅ストレス症候群〟になり、夫婦関係がこじれて「定年クライシス」に至るという指摘もある。しかし「クライシス」などと大仰に構えなくても、リタイア後の男性が老後を明るくすることは、自分次第で十分可能だと思う。

私は著書『50代からの選択』『やりたいことは全部やれ！』で、50歳までに次の人生をスタートすべきだと提唱し、その具体的な方法も提案してきた。私自身、50歳でマッキンゼーを退社して新たな人生のステージに入った。「生活者主権の国づくり」を目指して東京都知事選挙や参議院議員選挙に挑んで惨敗した後は、起業家養成の「アタッカーズ・ビジネススクール（ＡＢＳ）」や政策提言ができる人材育成の「一新塾」などを創設し、さらに中国・大連でデータ入力会社、九州でネットスーパーを経営した。１９９８年には経営指導と人材育成を行なう「ビジネス・ブレークスルー（ＢＢＴ）」＝現「Ａｏｂａ《アオバ》－ＢＢＴ」を設立し、２００５年に「ＢＢＴ大学」を開学した。80歳を機にＢＢＴ会長は退任したが、今も「ＢＢＴ大学・大学院」の学長として教鞭を執っている。

その一方で、休日のたびにオートバイや車で日本各地を駆け巡り、クラリネット演奏、スノーモービル、水上オートバイ、スキューバダイビングなどの趣味も存分に楽しんでいる。仕事にも遊びにも全力で取り組み、持論の「定年は自分で決める」を実践中だ。

働き続ければ「家計」も「人間関係」もうまくいく

少子高齢化が加速する日本はどんどん労働力不足になるので、今後は定年が65歳から70歳、もしかすると75歳まで延びるかもしれない。それでも「定年後をどう生きるか」は大きなテーマである。

もちろん「定年まで働いたのだから、余生は自分の趣味を楽しみたい」という人もいるだろう。だが実は、定年後の20～30年を趣味だけで過ごすのは、なかなか難しい。

たとえばゴルフ。サラリーマン時代は毎日ゴルフをやるのが夢だった人が少なくないだろう。だが、定年後は自分1人でクラブに行って見ず知らずの他人と組んでコースを回ることになる。逆に、友人2～3人で行っても他人が入ってくることが多い。これは互いにけっこう気を遣わねばならないので、よほどのゴルフ好きでないと回数が減っていく。

あるいは釣り。私の友人たちの例では、釣ってきた魚を知り合いや近所の人などに配ると最初のうちは喜ばれる。しかし、丸魚は捌《さば》くのが面倒だから度重なると断られ、妻にも嫌な顔をされるようになって、釣行《ちょうこう》が楽しくなくなったという。

私は塾長を務めている「BBT経営塾」の自分のコースの中で、必ず塾生に「あなたは定年退職したらどうするのか？」と質問し、「屋内」「屋外」「1人で」「友人と」の4象限マトリックスにそれぞれ5つ、合計20の趣味を書かせている。しかし、みんな2つか3つで終わってしまう。それでは趣味だけを楽しみながら定年後の人生を送ることはできないと思う。

拙著『第4の波』でも取り上げたが、JMAR（日本能率協会総合研究所）の「高齢者ライフスタイル構造基本調査」（2020年）によると、60～90歳の趣味ランキングは1位が旅行、2位がテレビ視聴、3位が園芸・ガーデニング、4位が読書、5位が散歩・ウォーキングだ。テレビ視聴は趣味とは言えないと思うが、それが2位というのは情けない限りである。

このような実態では、定年後のシニアの多くは結局、家でテレビを見ながらゴロ寝をしてダラダラと無為に過ごすだけになるのがオチである。となると、夫婦関係は煮詰まっていくから、夫の「居場所」がなくなるのは当然だろう。

それなら、定年を迎える前の50代、できれば40代から次のキャリアを意識してスキルを磨き、頭と体が動く限りは働き続けて「仕事も遊びも全部やる」のが正解ではないか。

「週3日・短時間で無理せず」できる仕事とは

第1章の図表13でも紹介したように、日本ではシニアの就業したいニーズがけっこう強く、就業率も高まる傾向がある。ほかにも、それを裏づけるデータがある。

リクルートの調査機関ジョブズリサーチセンターが行なった「シニア層の就業実態・意識調査2023（個人編）」によると、働くつもりがある60～74歳の男女の場合、100%が現在の自分の年齢以降も働きたいと答えている。「何歳まで働きたいと思うか」という質問に対する回答は「70〜74歳」が34・6％で最も多く、次は75〜79歳の30・4％だった。

また、今後の就労で希望する雇用形態は「アルバイト・パート」が6割を占め、希望する勤務日数は「週に3日程度」が32・4％、「週に5日程度」が29・6％、「週に4日程度」が26・1％、希望する1日の勤務時間数は「5時間程度」が21・6％、「4時間程度」が21・0％、「8時間程度」が15・8％、「6時間程度」が15・3％だった。

しかし、仕事探しをした人の約3割が見つからずに諦め、見つかった人の約4割は〝年齢の壁〟を感じている。現状では、シニアの就業には制約があると言わざるを得ない。実際、新聞の折り込みチラシなどの求人広告を見ると、シニアが応募できそうなのはマンションやビルの管理・清掃、工事現場の交通誘導、高速道路の料金収受といった体力的にきつい仕事ばかりである。

したがって、会社に勤めているうちに定年後も通用するスキルを身につけておくべきなのだ。

私のお勧めは、DX関連のスキルである。たとえば、営業支援や受注管理、在庫管理、請求管理といった定型的な間接業務の分野におけるRPA（ロボティック・プロセス・オートメーション）ツール。これらを活用して徹底的にDXを実行すると、間接業務のホワイトカラーの人数はこれまでの5分の1～10分の1で事足りるようになって労働生産性が飛躍的に向上するから、そのスキルを磨いておけば、定年後も引く手あまたになることは間違いない。とくに、RPAの導入が遅れている中小企業や地方の企業では重宝されるはずだ。

DXでなくても、パソコンやスマホがネットにつながればできるデジタル関連の仕事なら、場所や時間に縛られることが少なく自由度が高い。

仕事を続けていれば家計が助かる上、夫婦関係がこじれるリスクも低くなるだろうし、生き甲斐も得られる。長時間拘束されなければ、趣味や余暇を楽しむ余裕もできる。

「居場所」がなければ「住む場所」を変えよ

孤独・孤立が社会問題となる中で、「居場所」をどう作っていくかが重要なテーマとなっている。それは、シニア世代にも共通する深刻な課題だろう。

だが、定年を過ぎてから、夫婦や近所などの狭いコミュニティに居座って、「居場所がない」と嘆くくらいなら、あえて「住む場所」を変えてみることをお勧めする。

私は以前から「自分を変えるための3つの方法」を提唱してきた。それは「時間配分を変える」「付き合う人を変える」「住む場所を変える」で、そのうち最も有効なのが3つ目の「住む場所を変える」である。

欧米では、現役時代に寒冷な北の国・地域で仕事をしていた大企業の部課長以上の場合、定年後は温暖な南の国・地域に移り住んで老後を過ごすのが一般的だ。

ヨーロッパの場合、北欧諸国やドイツ、スイス、イギリスあたりの人たちは、ギリシャ、クロアチア、イタリア、スペイン、ポルトガルなどに行く。アメリカの場合は、ニューヨークなどの北東部やシカゴなどの中西部から、南部・南西部のサンベルトに移住する。

その方法は、北の国・地域で仕事をしているうちに南の国・地域に別荘を購入してそれを貸し出し、リタイアしたら北の国・地域に所有していた住宅を売却して南の新天地に引っ越すというものである。別荘のローンは貸し出すことで返済できるから、北の住宅を売却した代金が退職金に加えた老後資金になるわけだ。

南のほうに移り住むと、子供や孫、友人・知人が遊びに来てくれるし、近隣の住民や自分と同じシニアの移住者との交流も生まれる。そういう中で新たな趣味やコミュニティ活動、ボランティア活動などの楽しみと生き甲斐が増え、余生が豊かで充実したものになっていく。住む場所を変えれば、〝人生の景色〟が変わるのだ。

ところが日本の場合、北海道や東北、北信越といった寒冷な地域で仕事をしていた人のほとんどは、定年後も現役時代に暮らしていたところに住んでいる。いわゆる〝終の住処〟だが、私には全く理解できない。リタイアしたら、四国、九州、沖縄の温暖な地域に移住して「居場所」を変えればよいではないか。

そう言うと、誰もが「老後資金が不安だから無理です」と肩を落とす。だが、日本人は平均3000万円ほどの資産を持ったまま墓場に行く。ということは、そもそも人生のファイナンシャル・プランがないから、豊かな老後を手に入れることができないのである。日本人は欧米人のように、40代・50代から定年後を見据えたファイナンシャル・プランを熟考して組み立てるべきなのだ。

また、老後も夫婦円満を維持する秘訣は、共通の趣味を持って一緒に楽しむのがベストだが、それが無理ならお互いの趣味については干渉しないことだと思う。ただし、時々は旅行や外食などで同じ時間を過ごさなければ、円満な夫婦関係は維持できないだろう。

我が家の場合、音楽という共通の趣味はあるが、それ以外は別行動でおのおの自由に好きなことをやっている。その結果、金婚式を終えた今も夫婦関係はそれなりに良好だ。

「濡れ落ち葉」ではあまりに寂しい。定年後も可能な限り働いて日本経済に貢献しながら趣味も楽しみ、末期が来たら「いい人生だった」と言って成仏したいものである。

大前研一

【編集部より】本書は、著者が主宰する企業経営者の勉強会「向研会」での講演に加えて、『週刊ポスト』の連載「ビジネス新大陸の歩き方」の2022年2月以降の掲載記事の中から抜粋し、加筆・修正した上で再構成したものです。

大前研一［おおまえ・けんいち］

1943年福岡県生まれ。経営コンサルティング会社マッキンゼー・アンド・カンパニーで本社ディレクターなどを歴任。『企業参謀』『ボーダレス・ワールド』などの著書が世界的ベストセラーとなり、各国の経済アドバイザーとしても活躍。1998年、経営指導と人材育成を行なう「ビジネス・ブレークスルー（BBT＝現Aoba－BBT）」を設立。現在、BBT大学学長などを務める。著書に『大前研一 日本の論点』『世界の潮流』シリーズ（プレジデント社）や『低欲望社会』『発想力』『稼ぎ続ける力』『経済参謀』『第4の波』など多数。

編集協力：中村嘉孝
校正：西村亮一
本文DTP：ためのり企画
図表出典：BBT大学総合研究所
編集：関 哲雄

「老後不安」を乗り越える
シニアエコノミー

二〇二三年 十月七日 初版第一刷発行

著者 大前研一
発行人 三井直也
発行所 株式会社小学館
〒一〇一－八〇〇一 東京都千代田区一ツ橋二ノ三ノ一
電話 編集：〇三－三二三〇－五九五一
販売：〇三－五二八一－三五五五
印刷・製本 中央精版印刷株式会社

Printed in Japan ISBN978-4-09-825460-6